裕巳

「ひいき」の構造

GS
幻冬舎新書
627

はじめに

他人への依怙贔屓と自分への依怙贔屓

私たちは「贔屓《ひいき》」ということばに敏感である。

「これは依怙《えこ》贔屓ではないのか」

日常の暮らしのなかで、そのように感じることがある。

誰か特定の人間が目をかけられ、引き立てられる。それが依怙贔屓である。とくに集団や組織に加わっていると、依怙贔屓があるのではないかと感じることが多い。

「依怙贔屓などなくなってほしい」

それが公正さを求める私たちの願いということになるが、話は単純ではない。

私たちは他人が依怙贔屓されることを快く思わない。だが一方で、自分が依怙贔屓されることについては、必ずしもそれが悪いこととは思わないからだ。

依怙贔屓されたいという密かな願望を、私たちは抱いている。だからこそ、他人が依怙贔屓されることに我慢がならないと思ったりもするのである。

さらに複雑なのだが、自分が依怙贔屓されることに居心地の悪さを感じてしまうこともある。そこにいじめやバッシングが生じる余地があるからである。依怙贔屓は、どの社会にも見られる普遍的な現象である。日本にだけあるわけではない。だが、贔屓ということばについて考えてみると、そこには日本の社会のあり方が深く関係してくるように思われる。

誰かを贔屓にする、何かを贔屓にする。贔屓にする対象は多岐にわたる。

プロ野球の試合を観戦している人たちには、たいがい贔屓の球団というものがある。球場にまで出かけていく人たちのなかには、贔屓とする球団にかなり熱を入れている人もいる。阪神タイガースの熱烈なファンの愛称「トラキチ」などがその代表である。贔屓は「ファン」とも呼ばれる。ファンはどのスポーツの世界にもいるし、歌手や俳優、アイドルのファンもいる。

最近では、ファンの対象を「推《お》し」と表現するようになってきた。

第１６４回芥川賞を21歳の若さで受賞した宇佐見りんの『推し、燃《も》ゆ』(河出書房新社)は推しにまつわる事柄を扱った小説である。主人公の高校生、あかりは、ある男性アイドルが推しである。推しは、贔屓の現代版にほかならない。

贔屓ということがスポーツや芸能の世界でのことなら、それが問題を生むことは少ない。だが、政治の世界での贔屓ということになると、大きな問題に発展したりする。

昨今、政治の世界で問題になることについて考えてみると、そこに贔屓ということが深くかかわっているようにも思えてくる。

政治における贔屓と忖度

安倍晋三《あべしんぞう》が首相に返り咲くことで生まれた第二次安倍政権は、自由民主党と公明党の連立によるものだが、２０１２年（平成24年）12月26日から２０２０年（令和２年）９月16日まで続いた。首相の在任期間は２８２２日に及んだ。これだけで首相の在位期間としては歴代トップである。１年余りで終わった第一次安倍政権での在任期間を加えれば、３１８８日にもなる。

安倍政権の功罪はさまざまにあろうが、後半は森友《もりとも》学園や加計《かけ》学園、あるいは桜を見る会、それらに関連する公文書管理の杜撰さで、野党やマスメディアの追及を受け続けたという印象が強い。最後は首相の持病の再発で、政権には幕が下ろされた。

森友学園については、国有地の取得に不正な便宜《べんぎ》がはかられたのではないかという疑惑が持ち上がった。学園の理事長と安倍首相夫人とは関係が深く、役人が忖度《そんたく》して便宜をはかったのではないかと言われたのだ。

この件があったため、忖度ということばは、2017年の流行語大賞にも選ばれた。忖度という行為の目的は、権力のある人間に気に入られようと媚《こ》び、贔屓にしてもらうことにある。

学園の理事長は、新しく建設する小学校の校名を、当初は「安倍晋三記念小学校」としていた。理事長は、首相を贔屓にしており、また、自分が首相に贔屓されようと、そんな校名を思いついたのだ。

桜を見る会の方は、1952年に吉田茂首相の主催ではじまったもので、その歴史は古い。招待客は多方面にわたるが、各界において功績や功労があった人物が対象であるとされてきた。

招待客の数は、この会がはじまった当初の段階では1000人程度だったが、次第に増加し、21世紀に入ると8000人から1万人になった。それが、安倍政権になると一気に増え、2019年には1万8000人を超えるまでになった。

問題は、招待客のなかに安倍首相や自由民主党の議員の支持者が多く含まれるようになっていたことである。つまり、首相や議員を贔屓する人間が大量に招待されていたということである。

桜を見る会の会場は新宿御苑で、その時期にはヤエザクラが見ごろになる。芸能人も数多く招待されている。満開の桜の下、首相夫妻が芸能人に囲まれている華やかな光景は、毎年、テレビニュースでも取り上げられてきた。

日本は議院内閣制の国であり、首相は国会での議決で選ばれる。国民が直接首相を選ぶわけではない。

しかし、国民に支持されているかどうかは決定的に重要で、支持率の高さが政権の安定に寄与する。

政治においては、政党にしても、個々の議員にしても、政策がもっとも重要だとされる。だが、それはあくまで建前であり、有権者に人気がある、つまりは贔屓にしてもらえるかどうかが決定的に重要である。

2008年『広辞苑』第6版から「ポピュリズム」が登場

そうした政治のあり方をさして、最近では「ポピュリズム」ということばが使われるようになってきた。

1998年刊行の『広辞苑《こうじえん》』第5版を引いてみると、ポピュリズムのことばの意味として、「①1890年代アメリカの第3政党、人民党(ポピュリスト党)の主義。人民主義。②(populism)1930年代以降に中南米で発展した、労働者を基盤とする改良的な民族主義的政治運動。アルゼンチンのペロンなどが推進。ポプリスモ」があげられていた。

それが2008年に刊行された『広辞苑』第6版から、最初に、「一般大衆の考え方・感情・要求を代弁しているという政治上の主張・運動。これを具現する人々をポピュリストという」が付け加えられるようになった。今広く使われるポピュリズムは、ことばとして新しい。ことばとして新しいということは、現象としても新しいということである。

読売新聞主筆《しゅひつ》の渡邉恒雄《わたなべつねお》は、ポピュリズムという表現にかんして、たんに民主主義について説明しているようで、「なぜ、大衆迎合政治と言わないのか」と批判していた(「大衆迎合政治が日本を蝕んでいる―『反ポピュリズム論』を書いた渡邉恒雄氏(読売新聞グループ本社会長・主筆）に聞く」『東洋経済オンライン』2012年9月7日）。

たしかに、安倍政権時代の桜を見る会は、大衆迎合政治の典型であり、招待客を贔屓にしようとする試みだった。だからこそ、強い批判を浴びたのである。

『広辞苑』で、大衆迎合政治としてのポピュリズムが2008年から取り上げられるようになったことは、日本のみならず、世界の政治のあり方が変容したことを示している。

政治家は大衆の支持を得るために極端なことを言うようになってきた。その典型がアメリカ合衆国の第四十五代大統領、ドナルド・トランプだった。

トランプは再選を果たすことができなかったが、ツイッターを通して自分の考えを直接発信し、それで大衆の支持を集めてきた。支持者からの人気は高く、実は再選の選挙でも勝利をおさめていたと信じる熱烈な人間たちは今もいる。日本にもいて、国内でデモを行ったりしていた。

そのなかには、連邦議会議事堂に突入した人間たちもいて、最後は大きな事件になった。これについて、贔屓という観点から見ていくならば、「贔屓の引き倒し」だったととらえることができるだろう。

ロシアのウラジーミル・プーチン大統領の場合には、毎年、カレンダーを出していて、それが日本でも人気を博している。

そのカレンダーの目玉は、引き締まったからだを誇示する大統領の上半身裸の写真で、男性的な強い政治家としてのイメージを強化することに貢献している。これもまた、国民のあいだに贔屓を増やすポピュリズムの時代ならではの試みである。

アメリカやロシアの場合なら、それぞれの国のポピュリズムについて、贔屓ということばが持ち出されることはない。

だが、日本の場合には、贔屓ということばを使って分析することによって見えてくる事柄が少なくない。それほど贔屓は日本の社会にあふれているからである。

贔屓という現象はいかなる構造を持っているか。それを解明していくことが、本書の中心となるテーマなのである。

「ひいき」の構造／目次

第6章 集合的沸騰としての贔屓 167

第7章 常連と一見 197

第8章　依怙贔屓の正体　222

おわりに　贔屓の作り方　254

第1章「ひいき」とは何か

『「いき」の構造』と『「甘え」の構造』

「ひいき（贔屓）」とは、そもそもどういうことなのだろうか。そのことばの意味から考えてみたい。

その際に、参考にしたい書物が二冊ある。

一冊は、哲学者の九鬼周造《くきしゅうぞう》による『「いき」の構造』（岩波文庫）である。もう一冊は、精神科医の土居健郎《どいたけお》による『「甘え」の構造』（弘文堂）である。

どちらも名著である。ロングセラーで、今でも広く読まれている。本書のタイトルを『「ひいき」の構造』としたのも、この2つの本があったからである。2つの本の内容は、贔屓ということにも関連している。

九鬼は、『「いき」の構造』において、いきについて分析を行う際に、「内包的構造」と

「外延的構造」に分けて論じている。

内包的構造とは、いきを成り立たせている3つの要素のことで、それは「媚態《びたい》」「意気《いき》地《じ》」「諦《あきら》め」からなっている。

一方、外延的構造においては、いきと対立する、あるいは関係する8つのことばが取り上げられている。

それは、「上品」「下品」「派手」「地味」「意気」「野暮」「甘味」「渋味」であり、九鬼はそれを、有名な直方体の図にまとめあげている。この図は、現在の岩波文庫版では、文中だけではなくカバーにも載せられている。

九鬼が問題にしているのは、いきであるわけだが、8つのなかには、「意気」が含まれている。いきと意気とは、いったいどう異なるのか。これについては議論になるべきところだが、この点で九鬼の議論自体に曖昧さがつきまとっているようにも思える。

だが、上品と下品との中間にいきが位置しているとし、上品に「或るもの」を加えるといきになり、さらに、加えすぎると下品になるとしたところなどは、思わずうなってしまう見事な分析である。和服を着る際に、襟《えり》を胸で合わせたところが衣紋《えもん》と言われるが、衣紋を少し抜くと晴れ着になり、抜きすぎると芸者のようになってしまうというのが、ここで言う或るものである。

『「いき」の構造』では甘味ということが取り上げられており、そのことは『「甘え」の構造』で言及されている。九鬼は甘味を渋味と対比させている。ここでの渋味についての分析も興味深いもので、その奥の深さが明らかになってくる。九鬼は、栗に渋皮があるのは、栗が昆虫から自分を守るためで、その点では他者との関係は消極的であるとしている。それに対して、甘味は、甘える者と甘えられる者とのあいだに積極的な関係を生み出すというのである。

これについて土居は、『「いき」の構造』では、主として江戸の文学が参照されているため、甘えがもっぱら異性関係におけるものとして理解されていると指摘している。その点で九鬼は甘えの幼児性に気づいていなかった可能性があるという。たとえ九鬼がそれに気づいていても、いきをもっぱら色っぽいものとしてとらえる『「いき」の構造』においては、その点を認めなかったのかもしれないというのだ。

「ことば」というものについて、現代の言語学は、それが「差違の体系」であることを強調している。これは、スイスの言語学者であるフェルディナン・ド・ソシュールが主張したことなのだが、一つのことばというものは、それ単独では意味を持たず、他のことばとのあいだに差違を持つことで、一定の意味を持つことになる。九鬼が、ソシュールの死後にまとめられた『一般言語学講義』を読んでいたかどうかは分からないが、いきの外延的構造について述べているところには、その影響があるようにも思える。

贔屓のなかには「貝」が4つある

贔屓ということばについて考えをめぐらしていく上でも、こうした視点は重要である。ただ、そうした点を論じていく前に、私たちはまず、贔屓ということばがどのような広がりを持つものであるかを見ていかなければならない。

贔屓ということばを聞いたとき、それに関連するさまざまなことばが思い浮かぶだろうが、まず何よりも関心を引くのは、「はじめに」で述べたように、「依怙贔屓」ということばである。

特定の集団のなかで、ある人物だけが目をかけられ、優遇されることがある。それをさして、依怙贔屓と言われる。自分が依怙贔屓されたという人もあるだろうが、多くの場合、誰か別の人間が依怙贔屓されているのを目にした経験を持っている。なかには、自分が依怙贔屓する側にまわったことを自覚している人もいるかもしれない。学校の教室では、依怙贔屓の問題はたびたび浮上する。

依怙贔屓が、ある人間にだけ有利に働くものであるだけに、そのイメージは決してよいものではない。依怙贔屓は公正さに欠ける。おおむねそのように考えられている。

しかし、贔屓はそのように否定的なものとしてだけとらえられているわけではない。贔屓が肯定的なものとしてとらえられている世界の代表が歌舞伎であろう。歌舞伎の観客は贔屓と呼ばれる。また、そうした客がとくに目をかけている役者も贔屓と呼ばれる。贔屓とは、役者を支える後援者、あるいはパトロンの意味がある。歌舞伎の世界は贔屓によって成り立っている。

こうした意味での贔屓ということばは、「贔屓の店」といった形で、その人間が常連になっている店をさす場合にも用いられる。依怙贔屓とは対照的に、こちらの意味の贔屓は、好ましいものとしてとらえられている。店に限らないが、「贔屓のもの」もある。

贔屓という熟語を構成する贔や屓といった字は、贔屓以外にはほとんど使われない。贔には、贔怒《ひど》ということばがあり、それはいかること、水が激しく流れることを意味している。ただ、贔怒と言っても、それを聞いて理解できる人はほとんどいないはずだ。

贔には「ひ」「び」「ひい」と3通りの読み方があり、漢字としては貝部に属している。

総画数は21画にもなる。

屓は「き」と読まれ、貝部ではなく尸部に属し、総画数は10画である。

贔屓のなかには、貝が4回登場するが、貝は、貝貨ということばが示しているように、貨幣としても用いられてきた。

したがって、贔とは多くの財貨を意味し、屓は財貨を抱え込むことを意味する。屓の異体字に屭があるが、貨幣としての貝が3つも含まれている。

『新版漢語林』（鎌田正《かまたただし》・米山《よねやま》寅《とら》太《た》郎《ろう》、大修館書店）によれば、多くの財貨を抱えるということが、大きな荷物を背負うという意味に転じ、さらには、盛んに力を使うこと、鼻息を荒くして働くことの意味を持つようになったという。

ただ、『角川新字源』（小《お》川《がわ》環樹《たまき》・西田《にしだ》太《た》一郎《いちろう》・赤塚忠《あかつかきよし》編、角川書店）では、贔について、「字源は明らかでない」とされている。たしかに『新版漢語林』の説明は、こじつけで、無理があるようにも思える。

贔屓とはもともと亀に似た想像上の生き物

贔屓について、これまで述べてこなかった意味としては、石碑の台になっている亀のような生き物のことがあげられる。これは、中国にはじまり、朝鮮半島や日本に伝えられたもので、台は亀趺《きふ》と呼ばれる。

今から40年以上前のことになるが、中国を訪れたとき、西安《せいあん》で碑林《ひりん》博物館に立ち寄った。そこには、著名な書家の字が刻まれた石碑が立ち並んでいたが、たしかに石碑の土台は亀のような贔屓になっていた。

中国において、贔屓は伝説上の生き物とされている。それは、竜が産んだ竜生九子《りゅうせいきゅうし》の一つで、贔屓のほかには、螭吻《ちふん》、蒲牢《ほろう》、狴犴《へいかん》、饕餮《とうてつ》、虮蝮《はか》、睚眦《がいさい》、狻猊《さんげい》、椒図《しょうず》があげられる(明の時代の文人、楊慎《ようしん》の『升庵外集《しょうあんがいしゅう》』において)。饕餮ということでは、中国古代の青銅器に刻まれた饕餮文の文様が思い起こされる。また、やはり明の時代の政治家で詩人の李《り》東陽《とうよう》による『懐麓堂集《かいろくどうしゅう》』では、贔屓ではなく、負屓《ふき》とされ、ほかには囚牛《しゅうぎゅう》、睚眦、嘲風《ちょうふう》、蒲牢、狻猊、覇下《はか》、狴犴、螭吻があげられている。このうち嘲風は、私が学んできた宗教学の日本の開拓者、姉崎正治《あねさきまさはる》の号だった。

贔屓は、背に甲羅を持っていて亀に似ているが、亀ではない。あくまで想像上の生き物で、竜の子である証に角が生えている。子どもとして出来が悪かったが、唯一の特技が、重いものを支えることだったという。だから、石碑を支えているのだ（高倉洋彰「ひいきにされなかった『贔屓』」産経新聞2016年11月18日）。

贔屓という想像上の生き物から、なぜ、ここで問題にしているひいきということばが生まれたのだろうか。力を出すという意味から転じて、特別扱いするという意味が生まれたと解説する辞書もあるわけだが、必ずしも納得できるものではない。

むしろ、貝が財貨であり、大切で貴重なものであるからこそ、その貝を3つ重ねた贔が、とくに目をかけているものの意味に転じたと考えた方が、納得できる説明になるかもしれない。ただこれは、あくまで私の解釈である。

すぐに思いつく贔屓がらみの言葉

贔屓ということばから連想されるものとしては、いくつもある。主なものをあげれば、次のようになる。

①依怙贔屓
②贔屓目《びいきめ》
③身贔屓《みびいき》

④ご贔屓
⑤贔屓筋
⑥判官贔屓《ほうがんびいき》
⑦贔屓の引き倒し

それぞれのことばについては、第2章以下で詳しく論じることになるが、ここでは簡単にそれぞれの意味についてふれておこう。

贔屓ということばを聞いたとき、かなりの人が、①の依怙贔屓としての贔屓を思い起こすだろう。自分が気に入った人間に対して肩入れすることが依怙贔屓である。依怙贔屓の対象は、人間とは限らないのだが、多くの人が関心を抱くのは、特定の人間が依怙贔屓の対象になったときである。

「贔屓する」ということばが、そのまま「依怙贔屓する」の意味で使われることも少なくない。

ならば、「依怙」は余計なことばにもなってくるが、これは、単独で依怙贔屓と同じことを意味する。

えこは、本来は頼ることを意味する。平安時代の説話集である『地蔵菩薩霊験記《じぞうぼさつれいげんき》』には、「父母に早く別れて、まさに人の依怙なし」とある。両親とは早くに死別したので、頼る人がいないということである。

一方で、依怙贔屓と同じ意味でも使われており、自分だけの利益、私利の意味もある。また、「依怙地」と言えば、頑固なことを意味し、これは、「えこじ」とも読まれるが、「いこじ」と読まれることが多い。これなら、聞いたことがあるだろう。

贔屓に依怙が加えられることで、特定の対象に肩入れするという側面がより強調されることとなった。

②の贔屓目の意味としては、『新明解国語辞典《しんめいかいこくごじてん》（第4版）』では、「好意的な見方」と説明され、「贔屓目に見る」という例文があげられている。

しかし、贔屓目はたんに好意的な見方ということではない。『広辞苑（第5版）』では、「ひいきにする方から見た好意的な見方」と説明されている。

ただ、この説明は分かりにくい。『デジタル大辞泉《だいじせん》』では、好意的な見方のほかに、「ひいきをした見方」をあげている。

贔屓目ということばの意味を明らかにすることはかなり難しい。そこには、複雑なことがかかわっている。

というのも、贔屓目に見ると言ったとき、最初から自分が贔屓する立場にあることを明言していることになるからである。

③の身贔屓は、「身内贔屓」や「内輪贔屓」とほぼ同義である。『広辞苑（第5版）』では、「自分に関係のある人を特にひいきすること」と説明されている。『新明解国語辞典（第4版）』になると、「自分に関係が有る（が普段から好意を持っている）という理由で特に贔屓すること」と詳しく説明されているが、かえって分かりにくくなっている。

身贔屓の対象になるのが身内や内輪だとするならば、身内や内輪の範囲がどこまで及ぶのかが問題になってくる。

最近では、葬儀の簡略化が進み、葬儀に一般の参列者を招かないことが増えている。その際に使われるのが、「葬儀は身内だけで済ませた」という言い方である。

この場合の身内とは、近しい家族、あるいは親族の意味だが、同じ組織に属している人間が身内と呼ばれることもある。とくにそれは、やくざの世界で頻繁に用いられる。

身贔屓とは、身内の人間を贔屓することとしてとらえた方がいいのだろうが、贔屓目と同じように複雑な背景を感じさせることばである。
④のご贔屓は、贔屓の尊敬語なので、単独の単語として辞書に項目が立つことはあまりない。ただ、贔屓とご贔屓では、ことばとしての使われ方に違いがある。また、漢字で書く場合、御贔屓とされることは少なく、ご贔屓とされるのが一般的である。御贔屓の方が、ご贔屓よりも堅苦しいと見なされるからである。

ご贔屓には「愛用品」の意味もある

ご贔屓ということが深くかかわってくるのが歌舞伎の世界である。歌舞伎の世界では、さまざまな場面にご贔屓ということばが登場する。

歌舞伎では、役者がその家に伝えられてきた由緒ある名前を継ぐ「襲名《しゅうめい》」ということが重要で、襲名披露興行は華々しく挙行される。その際には、襲名したことを告げる「口上」が述べられる。口上は、一つの演目とも見なされている。

口上では、「先輩、後輩、幕内、みなみなさまのお力添え、そしてご贔屓いずれもさまのご賛同を得まして」という形で、ご贔屓に言及される。ここで言うご贔屓とは、日頃歌舞伎を愛好し、襲名披露興行にも駈け着けてくれる観客、ファンのことをさす。なお、幕内は、歌舞伎の上演を支える裏方、大道具や小道具、衣装や床山をさす。

そして、口上の最後は、「何とぞ末永くご贔屓ご後援を賜りますよう、お願い申し上げます」と締めくくられる。ここでのご贔屓は、歌舞伎や役者を愛し、支え続けることを意味する。歌舞伎の贔屓については、次の第2章でふれる。

ご贔屓には、愛用品の意味もある。2010年に86歳で亡くなった戦後の大女優、高峰《たかみね》秀子《ひでこ》には、『私のごひいき──95の小さな愛用品たち』（河出書房新社）という本がある。

愛用品としてのご贔屓というものは、私たちの暮らしのなかで、意外なほど重要な意味を持っている。
⑤の贔屓筋については、肩入れしてくれる贔屓とほぼ同義だが、今は歌舞伎の世界で使われることが多い。
贔屓が贔屓筋になると、支援者、パトロンとしての性格がより強くなる。贔屓筋は、襲名披露興行などのときには、たんに観客として劇場に駈け着けるだけではなく、ご祝儀《しゅうぎ》を渡すことになる。

そうである以上、贔屓筋は役者に対して一定の発言力を持っており、それが、役者の結婚などに影響を与えることがある。贔屓筋がよく思わない結婚は、相当に難しい。

⑥の判官贔屓について、『広辞苑（第5版）』では、「源義経《みなもとのよしつね》を薄命な英雄として愛惜し同情すること。転じて、弱者に対する第三者の同情や贔屓」と説明されている。判官とは、本来は律令制の四等官《しとうかん》の第三位のことを言う。四等官は、長官、次官、判官、主典からなっている。

ただ、律令制によっては定められていない官職として、京の都の警備と裁判にあたる検《け》非違使《びいし》が設けられ、それは、「令外官《りょうげのかん》」とされた。平安時代後期に武士が台頭するようになると、彼らのなかに検非違使尉《けびいしじょう》に任命される者があらわれる。それは四等官の判官に相当するということで、判官とも呼ばれた。義経が九郎《くろう》判官と呼ばれるのも、その地位に就いたからである。

似て非なる「引き立て」「愛顧」「馴染」「常連」「後援」「寵愛」

判官贔屓については、第4章で詳しく論じることになるが、歴史上実在した源義経が、果たして「薄命な英雄」だったのかは怪しい。

そのイメージを広げる上で、義経の一代記『義経記《ぎけいき》』が果たした役割は大きい。これは、事実にもとづいた伝記ではなく、軍記物語であり、ほとんどは創作である。義経の幼名《ようみょう》が牛若丸《うしわかまる》であるのは事実だが、弁慶との五条大橋での出会いなどは、まったくのフィクションである。

ただ、判官贔屓については、日本人特有の心理的な傾向としてとらえられており、その点で重要である。『「甘え」の構造』でも判官贔屓について論じられている。

⑦の贔屓の引き倒しは、「ひいきすることによって、かえってその人を不利に導くこと」(『広辞苑(第5版)』)を意味する。

これは、石碑の柱を支える贔屓が関係しており、贔屓を引っ張ってしまうと、その上にある柱が倒れてしまうことに由来する。

贔屓されるということが、贔屓される当人にとっては、必ずしも好ましいことではないことが、このことわざには示されている。

依怙贔屓されていない人間からすれば、されている人間はうらやましくも思える。だが、過度の贔屓は、好ましくない影響を与える。それは戒めでもあり、依怙贔屓をうらやむ必要がないことを教えているとも言える。

贔屓に似たことばとしては、引き立て、愛顧、馴染《なじみ》、常連、後援、寵愛《ちょうあい》などが思い浮かぶ。

歌舞伎の口上でも、「ご贔屓お引き立て賜りますよう」とか、「ご贔屓ご愛顧賜りますよう」といった言い方も使われており、意味として近いことが分かる。

だが、贔屓筋のように、引き立て筋とか、愛顧筋といった言い方はない。贔屓ということばに含まれる複雑なニュアンスが、引き立てや愛顧には欠けている。それは、常連や後援についても言える。

ただ、馴染となってくると、たんに慣れ親しんだ人や対象をさすだけではなく、その意味世界は複雑である。

それも、贔屓と同様に、遊郭《ゆうかく》、遊里《ゆうり》の世界で特有の用いられ方をしたからである。馴染は、同じ遊女《ゆうじょ》のもとへ通い馴れた客のことをさす。江戸の吉原《よしわら》では、三度目以降の客を馴染と呼ぶ。馴染の客が贔屓であるとも言える。馴染については、第3章でふれる。

では、贔屓と対比されることばとしては、どういったものがあげられるだろうか。

贔屓の対義語としては、公平、公正、平等、冷遇などがあげられる。

たしかに、依怙贔屓にならない態度は、公平であったり公正であったりするし、場合によっては、冷遇することが、贔屓することの反対であったりもする。

しかし、どれも贔屓と対になって使われるものではない。また、ご贔屓や贔屓筋に対比されるような形での広がりはない。少なくとも、さまざまな意味を含み込んだ贔屓と完璧に対比されることばは存在しないのだ。

英語の「favor」「patron」「sympathy」との違い

さらに、ことばとしての贔屓については、果たしてこのことばが日本独自のものなのか、それとも、海外に類例があるものなのかが問題になる。

それは、『「いき」の構造』においても、『「甘え」の構造』においても問われている。果たして、いきや甘えは外国語に翻訳できるのかということが議論されているのである。

『「いき」の構造』では、いきに相当するヨーロッパのことばを探ってみると、「フランス語の借用に基づいている」とされ、シック（chic）とコケット（coquet）に言及されている。詳しい分析は原著に任せるが、九鬼はその上で、『「いき」』とは東洋文化の、否、大和《やまと》民族の特殊の存在様態の顕著な自己表明の一つであると考えて差支ない」と言い切っている。なお、九鬼はこの本の草稿をパリで執筆している。

『「いき」の構造』が単行本として刊行されたのは、昭和５年、１９３０年11月のことである。前年にはアメリカで株価が大暴落し、世界恐慌が訪れていた。翌１９３１年に、日本は満州事変を引き起こす。1930年は、日本が対外戦争に突入しようとしていた前夜にあたる。

その点で、大和民族ということばが持ち出されているのは時代的な背景があったとも言える。九鬼はそれをふまえている。ただ、当時は勇ましいものと見なされていた大和民族の特殊の存在様態をいきで代表させたところには、ヨーロッパに長く滞在した経験を持つ九鬼なりの時代認識、あるいは知識人としての反骨精神が示されていたのかもしれない。いきは、遊郭における美意識を象徴するものである。九鬼が、大和民族のあり方を称揚するために、『「いき」の構造』を執筆したとは思えない。

一方、『「甘え」の構造』でも、甘えということばが外国語に翻訳できるものなのかどうかについて、第1章「『甘え』の着想」で、かなり詳しく議論されている。その結論は、『「いき」の構造』と共通しており、土居は「甘えの語が日本語独特の語彙《ごい》である」と結論づけている。

では、曩肩の場合にはどうなのだろうか。

英語で考えてみると、「曩肩する」に対応することばとして、“favor”や“be partial《to》”といった表現が出てくる。

「依怙贔屓」としては、“favoritism”があげられる。“favor”周辺のことばは、贔屓に対応しているように見える。それに関連し、「贔屓の関取」と言えば、“one's favorite sumo wrestler”と表現することができる。

ただ、客としての贔屓ということになれば“patron”ということになり、“favor”からは遠ざかる。“patron”は、後援者の意味合いが強く、遊郭における遊女の贔屓という意味では使えない。

ちなみに、判官贔屓を英語にすれば、“sympathy for a tragic hero”、ないしは“sympathy for an underdog”で、“underdog”は負け犬をさす。意味としては理解できるが、義経に対するイメージが共有されていないほかの社会、ほかの文化においては、そのニュアンスは伝わらない。

贔屓ということばは、遊郭や歌舞伎、相撲といった日本独自の文化や芸能の世界から生み出されてきたものである。

相撲は、今日ではスポーツの一種とも見なされ、ニュースでもその結果はスポーツの枠のなかで報じられる。

だが、相撲にはそれ特有の「番付」というものがあり、力士の対戦に公平性が確保されているかと言えば、そうではない。

また、行司は、一般のスポーツとは異なり、最終的な判断を下すことができない。審判委員や控え力士は、「物言い」をつけることができる。審判委員や控え力士は、それぞれが部屋、さらには一門に属しており、利害関係者である。中立公正な審判員がいない相撲は、他のスポーツと同列に扱うことはできない。相撲を芸能として見るならば、相撲界をめぐって起こるさまざまな問題も、かなりの部分を理解できるはずである。

客の途方もない夢と金銭と労力

贔屓の背後に遊郭や各種の芸能があるとするなら、それが存在しない海外において、贔屓と意味を同じくすることばを見出すことはできないはずである。

金銭を支払うことで性行為を行う売春は、古代からあり、世界中のどの社会にも存在してきた。現在の日本では、売春は法律によって禁じられているが、かつてはそうした規制はなかった。

したがって、江戸時代には、遊郭が各都市に誕生した。遊郭は売春宿でもあるが、そこには独特な文化が生み出され、遊女は高い教養を持ち、芸事に秀でていることが求められた。こうした遊郭の文化は、日本独特のものである。

贔屓という文化現象は、こうした遊郭を背景に生み出されたものである。歌舞伎にしても、遊郭が舞台になることは多く、そこには密接な関係があった。贔屓と関連することばが、複雑なニュアンスを伴うのも、遊郭や歌舞伎との結びつきが深いからである。

遊郭や歌舞伎の舞台は、娑婆《しゃば》と呼ばれる現実から隔絶した世界であり、社会の矛盾が生み出した場所でもあるが、そこを訪れる者に、途方もない夢を見させるところでもあった。贔屓にする、ご贔屓になるということは、高等な文化行為でもあり、たんに金銭によって実現されるものではなかった。贔屓となることに、多くの金と労力が払われたのは、それに限りない価値があると考えられたからである。

その伝統は、今でも受け継がれているが、一方で、依怙贔屓という人間関係において、あるいは特定の集団において生まれる厄介な問題がある。贔屓ということば全体が示す事柄をどのように理解していけばいいのか。それこそが、贔屓の構造を理解していく試みがめざすところなのである。

第2章 「ひいき」の文化的基盤

夏目漱石『坊っちゃん』と依怙贔屓

依怙贔屓ということが、もっとも印象的な形で使われている文学作品が夏目《なつめ》漱石《そうせき》の『坊っちゃん』ではないだろうか。

『坊っちゃん』は漱石の代表作であり、これまでに多くの読者を得ている。この作品を読んだことがないという人の方がかえって少ないかもしれない。

漱石は1893年に帝国大学（後の東京帝国大学、現在の東京大学）の英文科を卒業した後、愛媛県尋常《じんじょう》中学校（現在の松山東《まつやまひがし》高校）で英語教師となり、その後第五高等学校（現在の熊本大学）に移る。1900年には、イギリスに留学し、2年余りで帰国している。

帰国後は、第一高等学校と東京帝国大学で講師をつとめるが、友人であった高浜虚子《たかはまきょし》に勧められ、虚子の主宰する『ホトトギス』に、はじめての小説『吾輩は猫である』を連載する。『坊っちゃん』は、『吾輩は猫である』の連載が続いているなか、1906年4月に刊行された『ホトトギス』の附録として掲載されたものである。

『坊っちゃん』の冒頭は、「親譲りの無鉄砲で小供の時から損ばかりしている」ではじまる。この出だしは有名で、主人公の性格を的確に表現している。

主人公の坊っちゃんは、四国の旧制中学校に数学の教師として赴任したという設定になっている。そこには漱石自身の愛媛県尋常中学校での教師としての経験が反映されていると考えられるが、決して自らの生涯をモデルとした、いわゆる「私小説」ではない。

『坊っちゃん』では、主人公が自らの幼少時代を振り返った最初の部分に、「贔屓」ということばが登場する。「おやじはちっともおれを可愛がってくれなかった。母は兄ばかり贔屓にしていた」の箇所である。「母は兄ばかり依怙贔屓にしていた」と言い換えてもいいだろう。

その後は、「この兄はやに色が白くって、芝居の真似をして女形になるのが好きだった。おれを見る度にこいつはどうせ碌《ろく》なものにはならないと、おやじが云った。乱暴で乱暴で行く先が案じられると母が云った。なるほど碌なものにはならない。ご覧の通りの始末である。行く先が案じられたのも無理はない。ただ懲役《ちょうえき》に行かないで生きているばかりである」と続く。

果たしてこれが名文と言えるかどうかについては議論があるところだろうが、なかなかの名調子であることはたしかである。小説を書き始めた頃の漱石は、どういった文体を使うかで試行錯誤していた。「薤露行《かいろこう》」などは文語体でつづられている。「べらんめえ調」の文体が用いられている作品は、『坊っちゃん』に限られるのではないだろうか。

父親に兄の方は好かれるが、弟の方は疎《うと》まれる。これは、アメリカ映画によく見られる設定である。代表的な作品としては、若くして亡くなったジェームス・ディーンの主演作「エデンの東」がある。

これは、旧約聖書の「創世記」にあるカインとアベルの物語が下敷きになっている。もっとも、そこで神に好かれるのは弟のアベルの方で、疎まれた兄のカインは、嫉妬からアベルを殺害するに至る。

英文学を深く学んでいる漱石が、その事実を知らないわけはない。あるいは、そのことをここで生かしているのかもしれない。少なくとも、主人公の坊っちゃんが、兄のことをこころよく思っていないのは事実だが、その兄は、父親が亡くなり、自分は商業学校を卒業すると、親から受け継いだ家財を売り払い、弟には600円を渡して、九州へ行ってしまう。

依怙贔屓しない坊っちゃんの父と依怙贔屓する下女

坊っちゃんの家には、清《きよ》という下女《げじょ》がおり、こちらは両親とは違い、兄の方ではなく、坊っちゃんをひどく可愛がってくれる。母親の方が先に亡くなるが、それ以降は、清はいっそう坊っちゃんのことを可愛がるようになる。

清は、兄には隠して、坊っちゃんに菓子や色鉛筆をくれようとするのだが、これを主人公は嫌っている。なぜそうしたものを兄にはやらないかと聞くと、清は、「お兄様はお父様が買ってお上げなさるから構いません」とすまして言う。

それに対して、坊っちゃんは、「これは不公平である。おやじは頑固だけれども、そんな依怙贔負はせぬ男だ」と言う。ここに依怙贔屓（ここでは負）ということばが登場する。

さらに、「しかし清の眼から見るとそう見えるのだろう。全く愛に溺れていたに違いない。元は身分のあるものでも教育のない婆さんだから仕方がない。単にこればかりではない。贔負目は恐ろしいものだ」と続く。贔屓目まで登場するのである。

坊っちゃんは、父親は自分を可愛がってはくれず、頑固ではあったものの、依怙贔屓はしない公平な人間だととらえている。ところが、母親や清は、依怙贔屓をする人間として描かれている。母は兄を贔屓にし、清は坊っちゃんのことを贔屓目で見ているのだ。清の贔屓目では、坊っちゃんは「将来立身出世して立派なものになる」ことになっている。ただ、坊っちゃんは、「清がなるなると云うものだから、やっぱり何かに成れるんだろうと思っていた」。坊っちゃんは末っ子らしく清に甘えていた。漱石自身、男5人兄弟の末っ子である。

漱石が、こうしたべらんめえ調で小説を書くことができたのは、彼が江戸っ子だったからである。漱石は、慶応《けいおう》3年1月5日（1867年2月9日）に牛込馬場下《うしごめばばした》横町に生まれている。ぎりぎりではあるが、江戸時代の生まれだった。漱石の本名は夏目金之助《きんのすけ》で、「漱石」は漢詩などを書くときの号《ごう》である。

漱石はなぜ金之助と名付けられたのか。そこには、庚申信仰《こうしんしんこう》が関係している。

庚申信仰は、中国の道教《どうきょう》に由来するもので、庚申の日の夜には、人間のからだに巣くっている「三尸《さんし》」と呼ばれる虫が天に昇って神にその人間の悪事を報告するため、夜を徹して三尸がからだから抜け出ていくのを防がなければならない。その守護神が帝釈天《たいしゃくてん》になるのだが、庚申の日に生まれた子どもは大泥棒になるという言い伝えがあり、その呪いを避ける厄払いとして、子どもの名前に「金」の字を使うという俗信が生まれた。漱石は庚申の日の生まれだったために金之助と名付けられたのである。

庚申信仰は、日本に道教が伝えられた古代からあったものと考えられるが、平安時代には貴族のあいだに広まった。ただ、当時は宴《うたげ》としての性格が強かった。三戸が出ていくことを警戒する「庚申待《こうしんまち》」が広がるのは室町時代からで、庶民層にまで拡大するのは江戸時代になってからである。今でも街のなかでは、庚申信仰の象徴となる庚申塔《とう》をよく見かけるが、こうした塔が建立されるようになるのも江戸時代に入ってからである。

漱石は、帝国大学を卒業し、国費でイギリスに留学したエリートではあるが、父親は名主をつとめてはいたものの、武士などではなく、庶民層の出身だった。だからこそ、『坊っちゃん』のようにべらんめえ調で小説を書くことができたのである。

漱石と森鷗外

ただ、こうした生まれが、エリートとして生きていく上での障害となった可能性はあり得る。留学先のロンドンでは神経衰弱に陥ってしまうからだ。さらにそのことは、『坊っちゃん』の作品世界にまで影響している。

主人公が学校で宿直した折、夜中に寄宿生から嫌がらせを受けるという有名な場面がある。ところが、いくら寄宿舎のなかを探しても、嫌がらせをしている生徒を見つけることができない。音を立てている部屋に駈け着けると、そこは堅く閉じられているし、その時点では、ほかの部屋で騒ぎが起こるのだ。生徒たちも、自分たちが嫌がらせをしたとは認めない。ここは、あまり注目されないところかもしれないが、嫌がらせは坊っちゃんの幻覚であった可能性さえ考えられるのだ。

漱石が、朝日新聞の主筆だった池辺《いけべ》三山《さんざん》に請われたからとは言え、大学の職を辞して、小説家として朝日新聞に入社するのも、彼にはアカデミズムの世界が向いていなかったからではないだろうか。

漱石は、朝日新聞に入社する1907年4月の翌月に、イギリス留学での成果をまとめた『文学論』を出版している。これを高く評価する人もいないわけではないが、漱石自身は、「未完品」「失敗の亡骸《なきがら》」「畸《き》形児《けいじ》の亡骸」などと評している。私も一読したことがあるが、どう贔屓目に見ても、優れた文学論とは言えない代物である。

近代における文豪として漱石と並び称されるのが森鷗外《もりおうがい》だが、鷗外の方は、津和野《つわの》藩《はん》の代々の藩医の家に生まれ、エリートとしての教育も受けていた。本職は軍医であり、軍医のトップにまで登り詰めている。

漱石が、小説家として名をあげた後、文部省から文学博士号を授与されながら、それを返上したのも、自分がアカデミズムの人間ではない、さらに言えば、学者としては落ちこぼれだという自覚があったからではないだろうか。ちなみに大学と漱石のあいだに立って仲介したのが、第1章でふれた姉崎嘲風である。

漱石の書いた小説の方は高く評価され、それは今日でも揺るぎがない。その証拠に、作品が発表されてから100年以上が経つのに、今でも読み継がれている。鷗外でも、それほどは読まれていない。漱石の弟子の一人であった芥川龍之介《あくたがわりゅうのすけ》でも、最近では、あまり読まれなくなっているのではないだろうか。漱石の小説の寿命は驚異的である。

多くの作品の中心となるストーリーは、三角関係を扱ったものであり、それが読者を引きつける仕掛けになっている。それは、現在でも高等学校の国語の教科書に採用されている『こころ』がそうだし、『三四郎』『それから』『門』と続く、いわゆる「前期三部作」にも共通している。小説家の大岡昇平は、漱石の「作品には姦通《かんつう》、もしくは一人の女をめぐる男の争い、いわゆる三角関係が多いのはだれしも気付くこと」であると指摘している

（「姦通の記号学──『それから』『門』をめぐって」『群像日本の作家　1　夏目漱石』小学館）。

歌舞伎に対して否定的だった漱石

道ならぬ恋は、人間を追い詰め、その本質をさらすことになる。その点で、文学のテーマとして恰好のものとも言えるのだが、漱石がそうした作品を新聞の連載として書いた点を見逃すことはできない。漱石が朝日新聞に雇われたのも、一年に1作書くことを約束した小説が、新聞の読者を増やすことに貢献すると考えられたからである。新聞に連載される小説は、何より読者の興味を引きつけるものでなければならない。漱石は、道ならぬ恋の展開が、読者をつなぎ止めるもっとも有効な武器であることを認識して、そうしたテーマを選んだものと考えられる。

道ならぬ恋は、現代なら不倫と言われるが、昔は「不義密通《ふぎみつつう》」と呼ばれた。言い方から して大仰《おおぎょう》だが、江戸時代においては、妻が不義密通していることを知った夫は、妻や相手の男を殺害しても罪に問われなかった。それだけ不義密通は大事であり、だからこそ歌舞伎や人形浄瑠璃《にんぎょうじょうるり》で頻繁に扱われたのである。江戸時代の最末期に生まれた漱石には、まだその感覚が残っていて、だからこそ、それを物語の核心に据えたのである。漱石の小説世界の背景には江戸があり、それを小説を作り上げる技法として生かしたとも言えるのである。

では、漱石は、江戸庶民がこよなく愛した歌舞伎をどのようにとらえていたのだろうか。そのことを探っていくと、実は贔屓ということにぶち当たる。

1915年に朝日新聞に連載された随筆の『硝子戸《がらすど》の中《うち》』に、漱石の歌舞伎に対するとらえ方を見ることができる。漱石は、その二十七で、「私は芝居というものに余り親しみがない。ことに旧劇は解らない」と述べている。旧劇は、新劇が生まれる前の演劇のことであり、歌舞伎をさす。

なぜ歌舞伎に対して否定的なのか。漱石は、その理由を、「役者が自然と不自然の間を、どっちつかずにぶらぶら歩いている事」に求めている。自然な演技と、大仰な不自然な演技が混在しているということだろう。それで落ち着かないというのだ。

ただ、「舞台の上に子供などが出て来て、甲《かん》の高い声で、憐れっぽい事などを云《い》う時には、いかな私でも知らず知らず眼に涙が滲《にじ》み出る」とも述べている。それでも、すぐに「ああ騙されたなと後悔する。なぜあんなに安っぽい涙を零《こぼ》したのだろうと思う」というのである。

漱石は意地を張っているようにも見えるが、歌舞伎に親しんでいなかったわけではない。『草枕』や『それから』には歌舞伎座が登場する。また、漱石には実の兄たちのほかに、異母姉が二人いて、『硝子戸の中』の二十一では、その二人の姉が芝居に行ったときの話を書いている。そこでは、兄から聞いた話をもとにしている。それを読むと、当時の観劇の仕方、あるいは贔屓としての振る舞い方がいかなるものであったかが分かる。

裕福だった夏目家

当時の芝居小屋は、皆、猿若町《さるわかちよう》（現在の浅草6丁目）にあった。姉たちは、柿の木横町から揚場《あげば》へ出て、そこから船で今戸まで向かい、そこで上陸し、芝居茶屋まで歩いていった。そして、茶屋の案内で、前もって用意された席につくことになるが、そうした席は一段高い高土間《たかどま》の席である。漱石は、「これは彼らの服装なり顔なり、髪飾なりが、一般の眼によく着く便利のいい場所なので、派出を好む人達が、争って手に入れたがるからであった」と述べている。

さらにここでは、姉たちが役者の楽屋を訪れたことが出てくる。幕間《まくあい》には役者の付け人がやってきて、「どうぞ楽屋へお遊びにいらっしゃいまし」と案内に来た。姉たちは、その「縮緬《ちりめん》の模様のある着物の上に袴を穿いた男」の後についていく。そして、「田之助《たのすけ》とか訥升《とつしょう》とかいう贔屓の役者の部屋へ行って、扇子《せんす》に画などを描いて貰って帰ってくる。これが彼らの見栄だったのだろう。そうしてその見栄は金の力でなければ買えなかったのである」と述べている。

その頃の夏目家がかなり裕福だったことがうかがえる。漱石は、この後の部分で、そのことについてふれている。青山には田地があり、そこから上がってくる米で十分に食を賄えたというのだ。漱石は、社会的な地位はともかく、裕福な家に生まれていた。ただ、漱石自身は、里子や養子に出されていて、そのことが後にまでさまざまな問題を引き起こしており、裕福な家に育ったという記憶を持ってはいなかったようだ。それは、「こんな華麗な話を聞くと、私ははたしてそれが自分の宅に起った事か知らんと疑いたくなる」と述べたところに示されている。

二人の姉の名はさわとふさで、さわは、天保15年（1844年）の生まれ、ふさは、嘉《か》永《えい》2年（1849年）の生まれだった。漱石からすれば、かなり年が上だった。さわなど23歳も上で、ふさも18歳上だった。

この姉たちが、いったいいつ芝居見物に出かけたのかは定かではないが、二人が10代後半だった1860年代前半だったとすれば、沢村《さわむら》田之助は三世、沢村訥升は二世だったのではないかと考えられる。

三世田之助は、16歳で守田座《もりたざ》の立女方《たておやま》（女方のトップ）となった美貌の役者だった。ただ、漱石が生まれた1867年には、脱疽《だつそ》で両足を切断している。それでも舞台に立ち続けたのは、歌舞伎の歴史に残る有名な話である。最後は精神に異常をきたし、1878年に33歳で亡くなっている。まさに伝説の役者の一人である。漱石の姉たちが贔屓にするのも当然である。訥升の方は立役《たちやく》だった。

漱石自身は、1909年5月12日、昼から歌舞伎を見に明治座に出かけている。虚子から誘われたからだ。そのときのことを、「明治座の所感を虚子君に問れて」という文章に書いている。

ここでも漱石は、「芝居というものには全く無知無識である」としているが、意外なことも述べている。「もっとも幼少の頃は沢村田之助とか訥升とかいう名をしばしば耳にした事を覚えている。それから猿若町に芝居小屋がたくさんあったかのように、何となく夢ながら承知している。しかも、あとから聞くと訥升が贔屓だったという話であるから驚く」というのだ。子どもの頃の漱石が訥升の贔屓だったというのは、やはり姉たちの影響だろう。

ロンドン滞在中、シェークスピア劇に何度も足を運んだ漱石

漱石の兄たちも歌舞伎が好きで、家では役者の仮色《こわいろ》（声色）などを使っていたという。明治の歌舞伎界をリードしたのは九世市川團十郎《いちかわだんじゅうろう》だが、漱石は一度だけそれを見たという。やはり虚子に誘われて3、4回新劇の方も見たというが、「行ったあとでは大いに辟易《へきえき》する」と、かなり否定的な評価を下している。旧劇より新劇の方が苦手だったようだ。

漱石は、その日の明治座で「丸橋忠弥《まるばしちゆうや》」「伊勢音頭恋寝刃《いせおんどこいのねたば》」「累《かさね》」「近頃河原《ちかごろかわら》の達引《たてひき》」、そして舞踊《ぶよう》を一つ見たようだが、「丸橋忠弥」については、「極めて低級に属する頭脳をもった人類で、同時に比較的芸術心に富んだ人類が、同程度の人類の要求に応ずるために作ったもの」と酷評している。

それでも、「近頃河原の達引」については、「大層面白かった」と述べているが、それは、「他のもののように馬鹿気た点がない」からだとしている。漱石は、全体として芝居の必ずしも合理的とは言えない仕掛けについていけなかったようだ。最後の舞踊については、「しまいの踊は綺麗で愉快だった。見ていて人情も頭脳もいらない。ただ芸術的に眼を喜

ばせる単純なものであるから、そこが自分にはすこぶる結構であった」としている。

ロンドンに滞在中の漱石は、ハー・マジェスティーズ劇場へシェークスピアの「十二《じゆうに》夜《や》」を見に行っており、いくども劇場に足を運んでいる。最初に観劇したのは、ロンドンに到着して3日後の夜のことだから、かなり積極的だった。そこには、専門とするイギリスの文学の世界にふれようという意欲があったのかもしれない。ただ、かえってロンドンでの観劇体験があったため、歌舞伎のリアリズムから逸脱した部分が受け入れ難かったのかもしれない。

明治時代には、漱石が一度見たという九世團十郎を中心として歌舞伎の近代化、その革新がはかられており、荒唐無稽なところを廃した「活歴《かつれき》」と呼ばれる高等な演劇の確立がめざされた。あるいは、この運動が大きな成功をおさめていたら、漱石も歌舞伎通になり、贔屓として頻繁に歌舞伎を観ていたかもしれない。だが、活歴は十分な成功をおさめなかった。歴史をそのまま正確に演じても、歌舞伎にはならないからである。

新劇は、西洋の演劇を取り入れることで成立したものであり、そこには、旧劇としての歌舞伎に対する批判的な精神が生きていた。

しかし、新劇がいくら盛んになっても、歌舞伎が滅んでしまったわけではない。むしろ、今日では、歌舞伎の方が、新劇の系統に属する一般の演劇よりも集客の面では勝っている。今日上演されている歌舞伎のなかには、明治以降に作られた「新歌舞伎」と呼ばれる演目もあるし、現代の劇作家が脚本を担当した新作歌舞伎も含まれている。だが、圧倒的に人気があるのは、主に江戸時代に作られた演目である。そうした作品は、くり返し上演されている。

それは、江戸の文化が、現在でも強い魅力のあるものとして受け取られているからである。そして、贔屓ということについても、『硝子戸の中』にも示されたように、江戸の文化に深く根差しているのである。

観劇にかかる値段

江戸時代の贔屓のことを考える上で、一つ重要になってくるのが、漱石の姉たちも利用した芝居茶屋の存在である。

『新訂増補 歌舞伎事典』（服部幸雄《はっとりゆきお》・富田《とみた》鉄之助《てつのすけ》・廣末保《ひろすえたもつ》編、平凡社）の「芝居茶屋」の項目によれば、それは「江戸から明治・大正期まで劇場付近で観劇客に各種の便宜を供した施設」とされている。今日でも、大相撲の興行にかんして、「相撲茶屋」の存在が知られているが、芝居茶屋はこれに似たものである。

江戸時代の歌舞伎は、現在と比べて一日の興行時間が長かった。現在の劇場では照明設備が整っているが、昔は自然光を利用するしかなかった。そこで、興行は朝六ツ《あさむ》（午前6時）から暮七ツ半《くれなな》（午後5時）まで続いた。

しかも、幕間が長い上に、劇場の設備も整っていなかった。そこで、経済的に裕福な観客は芝居茶屋を利用した。漱石が、姉たちの芝居見物から、自分の家のかつての裕福さを感じているのも、そのためである。一般の客は劇場で木戸銭《きどせん》を支払い、平土間《ひらどま》で観劇した。茶屋を利用する上客は、茶屋がおさえている桟敷《さじき》や高土間を利用した。

芝居茶屋を利用する客は、駕籠などに乗って早朝に劇場までやってきた。まずは、二階建てになった茶屋の二階座敷に通され、そこで湯茶と軽い朝食の接待を受けた。その後、茶屋の若い衆に案内されて桟敷席専用の入口から劇場に入ることになるが、その際には、白い鼻緒《はなお》の「福草履《ふくぞうり》」に履き替えた。『歌舞伎事典』では、茶屋によるサービスについて、次のように説明されている。

茶屋の者が毛氈《もうせん》、座布団、茶、煙草、番付を用意し、観劇途中にも菓子、口取肴《くちとりざかな》など、中食《なかしょく》には幕の内、上戸には酒肴《しゅこう》、あと鮓《すし》、水菓子《みずがし》と次々に出す。幕間には茶屋で小用、化粧直し、着替え等でき、閉幕後贔屓の役者を呼ぶなど、茶屋は至れり尽くせりだったが、経費も高額だった。

劇場には便所さえなく、食事をする場所も設けられていなかったのだ。

劇場の席料について、文化3年（1806年）夏興行の市村座《いちむらざ》では、次のようになっていた。

桟敷席	銀20匁
高土間	銀15匁
平土間	銀12匁
土間割合（6人入りの枡席《ますせき》）	1人200文《もん》
切落し（花道の後ろ）	100文

これは棚橋正博《たなはしまさひろ》「顔見世興行と千両役者」（「そのことば、江戸っ子だってね!?」『Web日本

語』）に示されたものだが、平土間の銀12匁というのは米20升（＝30kg）に相当する。現在の米価に換算すると、1万8000円程度になる。現在の歌舞伎座の一等席とほぼ同じ値段である。桟敷席なら約3万円である。かなりの高額で、しかも、飲食にかかる費用は別である。

桟敷席なら飲食代を含めて1人10万円

文化13年（1816年）頃に武陽隠士《ぶよういんし》の筆名で書かれた『世事見聞録《せじけんぶんろく》』は、当時の世相全般について述べたものだが、そのなかに、歌舞伎見物に多くの金が必要であることが記されている。「今は人に後ろ指をささるる程に倹約いたし、見苦しき事いたしても、桟敷にて見物するには金一両二分より安くは出来ざるなり。米三俵余に当るなり」とある。米1俵は60kgだから、桟敷での観劇には米180kg以上、10万円以上がかかったことになる。これは、飲食代を含めての費用だろう。

漱石の姉たちは、桟敷よりは格下の高土間で観劇しているので、桟敷で見物するより費用は安く済んだはずだ。だが、贔屓の役者の楽屋を訪れ、扇子に画など描いてもらえば、その分ご祝儀もはずまなければならない。裕福でなければ、とても贔屓筋にはなれないということになる。しかも、次に見るように贔屓のとる行動は相当に激しいものだった。『歌舞伎事典』の「贔屓」の項目では、「はなやかな役者に対する贔屓は古来根強く、古くは観劇中にまで俳優への褒《ほ》め詞《ことば》をつらねる風もあった。のちには劇場前に幟《のぼり》を立て進物《しんもつ》を積み、幕を贈り、あるいは〈○○連〉と称して団体見物をし、特定の俳優を引き立てるといった風が長く定着した」と述べられている。

今でも、歌舞伎座の前には酒樽が高く積み上げられている。これは「積物《つみもの》」と呼ばれる。『歌舞伎事典』では、「後援団体が贔屓の俳優または座方のため、酒樽・米俵・炭俵その他の商品を劇場表に高く積み上げて景気づけをする形式」と説明されている。「贔屓」の項目に戻るが、贔屓があまりに熱を入れたため、「対立して弊害を生むこともあった」という。ただ、「それも所繁昌《ところはんじょう》の象徴である芝居隆盛に大きく関与していた」という。

贔屓の役者に対する異常なほどの傾倒ぶりについては、津田類《つだるい》『歌舞伎と江戸文化』（ぺりかん社）で紹介されている。

戯作者《げさくしゃ》で、落語を自作自演し、落語中興《ちゅうこう》の祖《そ》ともされる立川《たてかわ》（烏亭《うてい》）焉馬《えんば》は、五世市川團十郎の贔屓で、「三升連《みますれん》」（三升は市川家の定紋）という贔屓団体まで作っていた。さらには、團十郎を文字《もじ》って「談洲楼《だんじゅう》」と号し、團十郎とは義兄弟の契りを結んでいた。

鼂肩振りが徹底していたのが本所相生町《ほんじょあいおいちょう》の焉馬の自宅で、あがり口を三升にしたほか、團十郎が「先代萩《せんだいはぎ》」で荒獅子《あらじし》男之助《おとこのすけ》を演じたときの裃《かみしも》を譲り受けて、それで作った揚幕《あげまく》を吊っていた。さらに、畳には三升の模様を織り出し、天井も竹で三升に組んだ。障子の骨も三升で、湯呑みなどの日用品にはことごとく三升の紋を入れていた。

単なるファンではない鼂肩

焉馬は戯作者であっただけに、『團十郎鼂肩』など、團十郎を賛美する著作を次々と出版し、團十郎の人気を支え続ける役割を果たした。こうなると、自らの稼ぎに鼂肩であることを利用したようにも思えるが、それも、熱意あってのことだろう。

同じ『歌舞伎と江戸文化』には、『中村芝翫鼂肩花実知《なかむらしかんひいきばなさねとも》』という本のことも紹介されている。ここでいう芝翫とは三世中村歌右衛門《なかむらうたえもん》のことで、芝翫はその俳名《はいみょう》だった。文化12年（1815年）に大坂で刊行されたこの本は、二百数十人の歌右衛門鼂肩について書いたものである。

鼂肩のなかには、歌右衛門のライバルであった二世嵐吉三郎《あらしきちさぶろう》の紋である橘《たちばな》をつけた人間にはいっさい面会しなかった人物もいた。歌右衛門贔屓の行動があまりに過ぎたものになったため、吉三郎は、芸道の妨げになると、奉行所に異常人気取締要望の訴訟を行ったという。贔屓同士の対立というのは、こうしたことが関係していたことであろう。

どこまでを贔屓としてとらえるかは、その定義にもよるが、たんなるファンということではない。『歌舞伎事典』でも、「俳優にとって、贔屓の有無は自己の芸や狂言の成否に関わるだけに、贔屓を大切にし、その評に耳を傾け、節目ごとに丁重に挨拶して一層の引立てを願う慣わしがある」と述べられている。贔屓の鑑賞眼が重要な役割を果たしていたというのだ。

歌舞伎の贔屓には、代々その役者を贔屓にしているという場合が少なくない。代々というのは、役者についても言えるし、贔屓の側についても言える。

役者は年をとれば、舞台に出られなくなる。亡くなることもある。となると、贔屓の側は、応援する役者を失うことになるわけだが、それまでの過程で、その役者の子どもの舞台に接している。子どもは親が重要な役をつとめたときに、同じ舞台に立つことになるからだ。

歌舞伎に詳しい元NHKアナウンサーの山川静夫《やまかわしずお》は『歌舞伎の愉しみ方』（岩波新書）と

いう本のなかで、「歌舞伎は〝血筋の芸〟といわれるだけあって、先代と次代、親と子が、容姿だけでなく『芸』も実によく似ているのに、ただただおどろくばかりです」と述べている。

歌舞伎の家には、家の芸が伝えられている。歌舞伎の宗家《そうけ》とされる市川團十郎家に伝えられてきた「歌舞伎十八番」がその代表である。その家に生まれた役者は、こうした家の芸を演じることが多くなるわけで、それは父親から学ぶ。しかも、習った役については、最初、教わった通りに演じるというのが鉄則になっており、自分なりの工夫をするようになるのは、あるいはなれるのは、何度も演じてからである。こうした仕組みが、代々の役者に芸を受け継がせていくことになる。

ある役者を贔屓にしている人間が、その子どもを劇場に伴えば、子どもの方は、その役者を贔屓にするようにもなるだろうが、自分と世代が近い役者の子どもに関心を向けるようになり、そちらの贔屓になっていくかもしれない。

歌舞伎の家に生まれれば、その子どもは、ごく幼い段階から舞台に上がる。最初の舞台は「初お目見え」と呼ばれる。これは、ただ舞台に上がったというだけで、台詞《せりふ》もなかったりする。さらに年齢が上になれば、芸名をもらい、台詞のある役を演じる「初舞台」を踏む。子役のなかにも、観客を涙させたり、笑いに誘ったりするような重要な役もある。

桟敷席は自分が贔屓であることを見てもらう場所

贔屓は、役者が成長していく姿に接しながら、観劇をくり返していく。親の役者のことを知っていれば、それと子どもを比較し、いかに成長してきたかを確認する手立てにする。また、親の演技との違いに注目するようになる。役者にとって重要なのは、このような代々の贔屓である。その評価、評判には耳を傾けないわけにはいかない。

しかし、ここで考えなければならないのは、人はなぜ贔屓になるのかである。あるいは、度を越した贔屓になるのかということであろう。

その点については、漱石が述べていたことがヒントになる。

漱石は、姉たちが芝居茶屋のおさえていた高土間の席についたと述べているが、その高土間について、そこは、どういう服装をしているか、あるいは顔や髪飾りが、周囲の人たちの目につきやすい席であり、「派出を好む人達が、争って手に入れたがる」ものだと指摘していた。

これは、高土間よりもさらに上の席である桟敷についてこそあてはまることである。現在の劇場では、歌舞伎が多く上演されるところでは、桟敷は設けられているが、高土間にあたるものはなくなっている。

今、桟敷を選ぶ人たちは、芝居茶屋を通してその席を買うわけではない。芝居茶屋は、大正の末から昭和はじめにかけて消滅してしまった。今では、桟敷はほかの席と同様に、劇場から買う。あるいは、オンラインで購入することが増えている。

したがって、今桟敷席に座っている人たちが、自分たちの姿をほかの観客の目にあえてさらしているということもないように見受けられる。

だが、現在でも「総見《そうけん》」という行事がある。これは、芸妓《げいぎ》や芸者が揃って歌舞伎の舞台を観るときのことで、彼女たちはその日、桟敷に座を占める。とくに、年末に行われる京都南座《みなみざ》の顔見世《かおみせ》興行では、京都市内にあるそれぞれの花街《はなまち》から芸妓、舞妓《まいこ》が陣取り、劇場は華やかな雰囲気に包まれる。その折には、舞妓たちは贔屓の役者のもとを訪れ、かんざしに名前を書いてもらうのだ。

これは、桟敷席がいったいどういう意味を持っているのかを示している。それは、舞台を見るための場所であると同時に、見られるための場所でもあるのだ。今ではその感覚は薄れてしまったが、江戸時代には強くあった。だからこそ、漱石はわざわざそのことにふれているのである。

贔屓になるということは、たんに楽しみで観劇するということではない。陰ながら応援することでもない。自分が贔屓であることを、他人に認識してもらう必要がある。逆に言えば、自分が目立ち、注目されたいからこそ贔屓になる。贔屓にはそうした側面がある。

昔、歌舞伎役者の贔屓になるには、芝居茶屋を利用しなければならなかったわけで、すでに見たように、それには相当の費用がかかる。費用をかければかけるほど、茶屋での待遇は良くなる。客自身が、茶屋のご贔屓になるわけである。そして、上等なご贔屓であればあるほど、より目立つ席に案内され、そのことが周囲にも瞬時に伝わる。江戸時代の芝居空間は、役者だけではなく、ご贔屓が脚光を浴びるものでもあったのだ。

贔屓になるということは自分の経済力を誇示すること

歌舞伎の演目のなかには、ご贔屓が舞台にあがるものまである。

それが、歌舞伎十八番にも含まれる「助六《すけろく》」である。これを、團十郎や海老蔵が演じるときには、「助六由縁江戸桜《すけろくゆかりのえどざくら》」という外題《げだい》が用いられるが、その際に、ご贔屓が出演するのだ。

「助六」が演じられる際には、幕開きに、演目のなかには登場しないものの、名のある役者が口上を述べる。それが終わる際に、吉原の遊郭、三浦屋《みうらや》の格子を模した御簾《みす》に向かって、「河東節《かとうぶし》御《ご》連中《れんじゅう》の皆々様、なにとぞお始め下されましょう」と挨拶する。河東節は浄瑠璃の一種だが、歌舞伎では助六にしか用いられない。

御簾のなかで演奏するのは、河東節十寸見《ますみ》会の面々であり、男女取り混ぜて50名ほどが演奏する。黒い御簾のなかなので、客席からは顔が見えないが、誰が出演しているかは劇場内に貼り出される。「助六」は、役者が揃っていないと上演できないので、襲名披露興行など特別なときにしか上演されないが、役者にとってだけではなく、ご贔屓筋にも晴れの舞台なのである。

役者になるには、長い間の修練が不可欠である。簡単になれるものではない。まして、舞台で脚光を浴びるとなれば、役者としての才能が必要である。いわゆる「華」がなければ、役者として大成できない。

それに比べれば、目立つ贔屓になるのは簡単である。もちろん、金というものが必要になってくるが、焉馬のように、それを商売と結びつけることだってできなくはない。

多くの金を稼ぎ出せば、それを誇示したくなるのが人情である。江戸時代に入るまで続いた戦乱の世では、武士としての剣の業などが物を言ったが、「パックス・トクガワーナ（徳川の平和）」とも称される江戸時代においては、金を稼ぎ出せるかどうかが、社会的に高い評価を得る基準となった。

贔屓になるということは、自分の経済力を世の中に示す恰好の機会である。それは、次の章で述べる遊郭においてこそ実現されることかもしれないが、役者の贔屓にも限度はないわけで、そこに熱を入れれば入れるほど、世間の注目を集めることができたのである。

こうした贔屓の文化が成立したのは江戸時代になってからである。江戸時代以前にも、各種の芸能は存在した。もともと、日本に土着の芸能としてどういったものが存在したかについては判然としないところがあるが、大陸との交流が進むようになると、各種の芸能が伝えられるようになる。

たとえば、林邑楽《りんゆうがく》などは、インド系の舞楽《ぶがく》とされ、ベトナム人の僧侶によって伝えられたとも言われる。それが歴史上の事実なのか、それとも伝説なのかは定かではないが、752年に催された東大寺の大仏開眼供養会《だいぶつかいげんくようえ》では、それが披露されている。こうしたものや、中国から伝えられた唐楽《とうがく》などの影響を受けつつ、日本独自の芸能として雅楽が成立することになる。

歌舞音曲《かぶおんぎょく》の類は、さまざまな形で発展していったものと考えられるが、中世においては、猿楽《さるがく》をもとにして能楽《のうがく》が生まれる。能楽のなかには、多く亡霊が登場し、その亡霊を仏教の信仰によって鎮めることがそれを演じる目的ともなっていた。その点で、能楽は仏教信仰、あるいは仏教と習合した神道信仰と深い結びつきを持っていた。

能楽では、武将や大名が贔屓となり、能役者のパトロン的な役割を果たすようになるが、重要なことは、武将や大名自身も能楽を演じる側にまわったことである。戦国時代に天下統一を目指した織田信長や豊臣秀吉は、能楽を愛好し、「能狂い」とまで言われた。彼らが能役者のパトロンとなったのも、能役者に能楽を習い、共演してもらうためであった。

その点では、歌舞伎の贔屓とは異なった。歌舞伎の贔屓は、漱石の兄たちがそうであったように、芝居の真似はしたかもしれない。だが、自らが舞台に立ち、歌舞伎を演じるわけではなかった。

贔屓の文化は、江戸時代においてどのような形で生み出されたのか。次の章では、相撲と遊郭をもとに考えてみたい。

第3章 相撲の贔屓と廓の馴染

相撲の贔屓は男性のみ

第２章で歌舞伎芝居における贔屓についてふれたが、江戸時代の文化においては、各方面で贔屓が重要な意味を持っていた。その代表が相撲と遊郭、廓《くるわ》である。

江戸時代には相撲贔屓が少なくなかった。ただ男女ともが役者の贔屓になったのに対して、相撲の場合、相撲取りの贔屓になるのは男性のみだった。というのも、そもそも大相撲については、明治に入るまで女性は観覧ができなかったからである。ただし、千秋楽だけは女性も観戦できた。

ただそれは、今日、女性は土俵に上がれないとする公益財団法人日本相撲協会の主張の根拠になるわけではない。というのも、江戸時代には、女性が相撲をとる「女相撲」の興行が打たれ、かなりの人気を集めていたからだ。

歌舞伎のなかには、相撲取りが重要な役柄として登場するものがある。

そうしたものの一つとしてよく上演されるのが、「一本刀土俵入《いっぽんがたなどひょういり》」である。

これは、取的《とりてき》（幕下以下の力士をさす）だった駒形茂《こまがたも》兵衛《へえ》が、水戸《みと》街道の取手宿《とりでしゅく》で酌婦《しゃくふ》のお蔦《つた》から施しを受け、横綱になることを誓うところが発端になっている。

ただ、茂兵衛は横綱になる夢を果たすことはできなかった。しかも、10年後の彼がなったのは博徒《ばくと》だった。それでも茂兵衛は取手に舞い戻り、お蔦を捜す。

居場所は分かったが、お蔦の夫辰三郎《たつさぶろう》は博打《ばくち》であり、いかさまをして土地の親分、儀十《ぎじゅう》に脅かされる身となっていた。茂兵衛がその家を訪れ、10年前の礼を言っても、お蔦は思い出せない。


そこに儀十の手下が襲いかかってくる。茂兵衛が相撲の手で彼らをやっつけると、お蔦は茂兵衛のことを思い出す。茂兵衛は、礼をするために持ってきた金をお蔦に渡し、一家を逃がしてやる。

お蔦が故郷へ逃げていく姿を見送りながら茂兵衛が呟く、「お蔦さん、十年前に櫛《くし》・簪《かんざし》、巾着《きんちゃく》ぐるみ、意見を貰った姐《ねえ》さんに、せめて、見てもらう駒形の、しがねえ姿の、横綱の土俵入りでござんす」は名台詞として知られている。

これは、長谷川伸《はせがわしん》作の新歌舞伎であり、初演されたのは昭和6年（1931年）のことだった。いかにも長谷川伸らしい股旅《またたび》もので、新国劇でも取り上げられ、映画やテレビ・ドラマにもなった。「瞼《まぶた》の母」と並ぶ長谷川伸の代表作である。

歌舞伎「角力場」に登場する相撲贔屓

お蔦は、取的だった茂兵衛を助けたとは言え、その贔屓というわけではなかった。相撲贔屓が登場する歌舞伎の代表的な作品が、「角力場《すもうば》」である。これは、「双蝶 々曲輪日記《ふたつちょうちょうくるわにっき》」の2段目で、8段目の「引窓《ひきまど》」と同様に現在でもよく上演される。

大坂高麗橋《おおさかこうらいばし》にある相撲場では、濡髪長五郎《ぬれがみちょうごろう》と放駒長吉《はなれごまちょうきち》という二人の力士の取り組みが行われることになった。濡髪は人気力士で、体格も優れ、見るからに強そうだ。それに対して、長吉の方は素人同然で、体格もはるかに劣っている。ところが、その取り組みで濡髪は一方的に長吉に押し込まれ、あっさりと土俵を割ってしまう。

そこに濡髪の贔屓である山崎屋の若旦那与五郎《よごろう》が登場する。与五郎は、濡髪が負けたことが悔しくてならない。

与五郎は、遊女の吾妻《あづま》と恋仲になっているのだが、平岡《ひらおか》という侍が吾妻に横恋慕《よこれんぼ》している。濡髪は、吾妻の身請《みう》けを引き受けると言って、与五郎を慰める。実は、平岡は長吉の贔屓で、濡髪としては平岡に手を引いてもらおうと、わざと長吉に勝ちを譲ったのだ。要は八百長《やおちょう》である。

だが長吉は、平岡に対して吾妻を身請けすることをすでに請け負ってしまっている。濡髪から、吾妻を与五郎に譲ってくれと頼まれても、それを拒否する。その上、八百長だったことを告げられ、濡髪に対して激しく怒る。両者は後日改めて勝負をすることを約束し、別れてゆくことになる。

この場面では、濡髪のことを誰かに褒められると、与五郎が、自分の持ち物を金子《きんす》だろうと羽織だろうと、何でもあげてしまうところが出てくる。与五郎は、それだけ濡髪に入れ込んでいるわけで、濡髪を褒められたときの喜びようも尋常ではない。この時代、相撲の贔屓は、それだけ力士にぞっこんだったのである。

「双蝶々曲輪日記」は、寛延《かんえん》2年（1749年）7月に大坂竹本座《たけもとざ》ではじめ人形浄瑠璃として初演され、翌8月に京都嵐三右衛門座《あらしさんえもんざ》で歌舞伎として上演された。当時は、こうしたパターンが多い。二世竹田出雲《たけだいずも》、三好松洛《みよししょうらく》、並木千柳《なみきせんりゅう》の合作で、この3人は、「仮名手本《かなでほん》忠臣蔵《ちゅうしんぐら》」「義経千本桜《よしつねせんぼんざくら》」「菅原伝授手習鑑《すがわらでんじゅてならいかがみ》」といういわゆる三大歌舞伎の作者として知られる。こうした作品が生まれた江戸中期には、相撲の興行が定期的に催されるようになり、人気は高まっていた。

濡髪のモデルは、勧進《かんじん》相撲の番付で大関として名があがっていた両國梶之助《りょうごくかじのすけ》だと言われる。勧進相撲は、寺社が本堂や山門の造営や修理のための資金集めに開催するようになったのがはじまりだった。江戸時代には、相撲の興行をする常設の小屋があったわけではなく、寺社の境内が使われた。

もう一つ、最近、歌舞伎として上演されることが多くなったものに、「幸助餅《こうすけもち》」がある。これはまさに、相撲の贔屓のあり方がテーマとなった作品である。

相撲贔屓は女がいない分だけ冷めている

今日の松竹新喜劇を生むことになる大阪の喜劇役者、曾我廼家五郎《そがのやごろう》の作品で、初演は1915年12月の京都夷谷座《えびすざ》だった。初演のときには、五郎が主役の幸助をつとめた。歌舞伎としてはじめて上演されたのは、ごく最近のことで、2005年1月大阪松竹座で五世中村翫雀《なかむらかんじゃく》（現在の四世中村鴈治郎《がんじろう》）が幸助を演じた。落語や浪曲、講談でも演じられる人情噺《にんじょうばなし》の典型である。

主人公の幸助は、大坂長堀《ながほり》にある餅米問屋、大黒屋《だいこくや》の主人だった。ところが、大の相撲贔屓で、相撲に入れ込みすぎて、店を潰してしまった。しかも、借金が残されている。

それを救ったのが妹のお袖で、新町の遊郭、吉田屋《よしだや》に勤めることで、幸助は女将《おかみ》から三十両の金を借りることができた。女将は、少しずつ返却してくれれば、お袖は店に出さないと約束してくれる。遊女となって客を取らなくてもいいというわけだ。

幸助は、新町を出たところで、贔屓にしていた相撲取りの雷五良吉《いかづちごろきち》に久しぶりに会ってしまう。雷は、ここのところ2年間江戸相撲で修行した結果、大関になっていた。幸助は、その話を聞くと、嬉しくてたまらなくなり、三十両を祝儀として雷に渡してしまう。

幸助のことを心配してやってきた叔父の五左衛門《ござえもん》は、事の顚末《てんまつ》を聞くと、幸助を連れて、まだ新町にいた雷のところへ戻る。祝儀を返してもらうためだ。

ところが雷は、「一度受け取った祝儀など返せますかいな」と、返金に応じてくれない。しかも怒り出し、「道で会うても、この雷の贔屓じゃなどと言わんといてもらいます」と言い出し、「痩せても枯れても江戸の大関、この雷の名前に傷が付きますわい」と幸助と安兵衛を追い返してしまうのだった。

もちろんこれは雷の演技である。三十両を返してしまえば、幸助はまた相撲に注ぎ込んでしまうに違いない。雷は、吉田屋の女将に三十両を渡し、女将はそれを幸助に渡した。幸い、幸助がそれを元手にはじめた餅屋は繁盛し、3年で元の長堀に店を出すまでになる。

そこに雷が現れ、真相が明らかになるというのが、この物語のオチである。そんな贔屓のためを思う相撲取りがいたかどうかは怪しいもので、落語だと、前にも増して雷の贔屓になった幸助は、湯水のように金を遣い、また店を潰してしまったというオチにもなるらしい。

歌舞伎としてはたわいのない話だが、「双蝶々曲輪日記」と同様に、相撲贔屓の姿を巧みに描き出した演目である。

ただし、前の章で見た武陽隠士『世事見聞録』によれば、歌舞伎の贔屓に比べたとき、相撲の贔屓はそれほどの入れ込みようではないという。著者は、それを「軽き事なる」と表現し、その理由を「女の交わらざること」に求めている。

相撲贔屓は歌舞伎ほど金を注ぎ込まない

相撲見物では、女性を連れていくことができないわけで、酒食の奢《おご》りがない分失費は少ない。その上、相撲は野外で晴天のときにしか行われないため、一年で興行は20日にしかならない。「一年を二十日で暮らすよい男」という相撲取りについての川柳はよく知られている。

『世事見聞録』ではまた、相撲見物は昔は繁昌していたが、年々不景気になっていると指摘され、その原因を、昔のような強い力士がいないことに求めている。

また、相撲は勝負がはっきりしているので、「気色快然たるもの」だが、芝居は「放逸《ほういつ》無悲の事にて、見るも汚らわしきものなり」と述べられている。人々は、明白なることは好まず、艶色《えんしょく》のことを好むというのである。

『世事見聞録』の著者は、歌舞伎がいかに汚らわしいものであるかを延々と述べている。ただし、だからこそ庶民に人気があるというのが、著者の見方である。

著者は、歌舞伎の贔屓がいかに役者に対して金を注ぎ込んだかについて述べている。まず、役者のなかには、一年で金二百両から千両を取る役者がいる。いわゆる「千両役者」である。

そうした役者には、「贔屓連中の組々」、あるいは「贔屓客」がいて、彼らは、「金銀・衣類・幕・幟、または積みものなど号して、諸品を飾り立てて貰う事おびただしき事なり」というのである。これを踏まえ、千両役者は、役人で言えば江戸を差配する奉行と同じ三千石の取高だとおごりたかぶっていた。

当時の千両役者の代表が七世市川團十郎だった。團十郎は、上方へのぼった際、伊勢参宮を行い、そこで太々神楽《だいだいかぐら》を奉納するのに百両を費やした。さらには、京大坂の宮寺へ奉納を行い、高野山《こうやさん》や金比羅山《こんぴらさん》、善光寺《ぜんこうじ》などでは石碑や灯籠《とうろう》を建てた。その上で、京大坂の名のある妓女《ぎじょ》を幾人も妾《めかけ》にした。

そのありさまを、著者は、「これをもつて、三ヶ津《さんがつ》そのほか繁花の地を徘徊し、芸をなして大金を取り、また贔屓の向々より金銀・衣類を沢山に貰ひ、金銀を水の如く遣《つか》ひて、栄花に余りて過ぎゆく事を察知すべし」と評している。三ヶ津とは、江戸と京大坂のことである。

贔屓客方は、はなはだしい場合には芝居茶屋や料理屋に役者を呼び出して、酒宴の相手をさせ、物見遊山《ものみゆさん》にも連れだす。自分の家に呼んでは役者に莫大な物を与え、役者の家にも行って、その妻妾などとも戯れる。こうしたことは、武家の妻女たちのあいだでも流行るようになり、絶えず芝居の話をするようになったというのである。

武家の妻女は、役人の名前や自分の家の先祖の名前についてはいっこうに知らないにもかかわらず、役者については、住所や家の名前、誰の子どもで年はいくつかまで知っている。

女色《にょしょく》を好み、遊女や芸者と戯れ、放逸な生活を送っている男性たちはとかく芝居好きで、自分が「寵愛する女どもを連れて見物に参り、酒肴・菓子・餅などの旨きものを給べ合ひ、わづか六尺四方の桟敷の内に男女五、六人込み合ひて互いに心を蕩かし、米五俵十俵二十俵の値に及ぶほどの奢りを、一日の間に六尺四方の内にて値すなり」というありさまだというのである。

贔屓とタニマチ

これに比べれば、相撲の贔屓はさほどではないように思える。やはり相撲に女性を連れていけない点が大きかった。

ただそこには、当時の相撲のあり方も影響していた。現在では、相撲の力士はそれぞれ部屋に属しているが、江戸時代には、部屋というものがなかった。そのため、力士は大名によって「抱え」られることが多かった。

相撲は古代から行われてきたが、中世において武家が台頭すると、鍛錬の方法として相撲が武家のあいだに広まった。江戸時代になると、そうした意味合いは薄れたが、今度は大名が力士を集め、それを抱えるようになっていく。力士として歴史上もっとも有名な雷《らい》電為右衛門《でんためえもん》は出雲松江藩のお抱えだった。それぞれの藩ではやがて、力士を集めるのではなく、自らの領内で力士を養成するようになっていく。

一方では、それぞれの力士には贔屓がいて、彼らは力士に金品を与えた。役者の場合には、舞台に立つことで莫大な金を得ることができたが、相撲では興行によってはそれほど多くの金を稼ぐことはできなかった。にもかかわらず、部屋が存在しないため、有力な力士は、弟子を自分の家に住まわせ、その面倒を見なければならなかった。その分、贔屓に依存することとなったのである。

そこから、相撲に特有の贔屓のあり方、「タニマチ」が生まれる。今日では、タニマチは、相撲界だけではなく、スポーツや芸能の世界でも用いられる。タニマチは、パトロンであり、対象とする力士や選手、歌手などを経済的に支える。チケットを売りさばいたり、豪遊をさせたりする。また、当人が不祥事を起こしたときには、その解決にあたるのもタニマチの役割である。

タニマチの語源については諸説あり、大阪の谷町筋《たにまち》と関連づけられることが多い。明治時代、谷町筋で外科を開業していた医師が、下位の力士を無料で診察したり、小遣いを与えたりしたのがはじまりだとされるが、他の説もある。先にタニマチということばが生まれ、そこから由緒が語られるようになったのではないかとも言われる。

そこには、時代の変化がかかわっていた。

江戸から明治へと時代が変わることによって、大名は存在しなくなった。藩も消滅した。そうである以上、力士が大名に抱えられることもなくなった。力士は後ろ盾を失ってしまったわけで、強力で経済力のある贔屓としてのタニマチが求められることとなったのである。

たとえば、第二十八代の横綱となる大錦《おおにしき》大五郎《だいごろう》には古河《ふるかわ》虎之助《とらのすけ》と中川末吉《なかがわすえきち》というタニマチがいた。二人は古河財閥の当主と実務者であった。古河は大錦に大阪市内の土地を与えた。それは1921年のことだが、時価は80万円相当だった。この時代、大学卒の初任給は50円だった。それからすれば、80万円は30億円を超える。中川の方は、自宅に大錦などを呼び、酒宴を開いていた（浅川重俊《あさかわしげとし》「ネットワークから読み解く相撲社会―拡張する『タニマチ』のネットワーク」『スポーツ社会学研究』5、1997年）。

相撲協会公認のタニマチ「維持員」費は6年で414万円以上

現在、大相撲の興行を行っているのは日本相撲協会だが、協会公認のタニマチが「維持員制度」である。

維持員は、所定の額を寄付することで、協会から承認を受け、場所中は、維持員席で立ち合うことが認められている。要は、土俵下のいわゆる砂かぶりの席で観戦しているのが維持員である。維持員になるために必要な額は、年３回本場所が開かれる東京がもっとも高く、６年分で４１４万円以上である。年１回の大阪、名古屋、福岡では１３８万円以上である。

維持員になるための要件としては、「暴力団その他反社会勢力団体、構成員又はその関係者」は排除されることになっている。だが、そうした人間が維持員席で観戦していることが明らかになり、問題になることがある。維持員本人が立ち合えない場合には、代理の立ち合いが認められているからである。

かつては暴力団が大相撲の有力なタニマチになっていた時代があり、その影響は今日にまで及んでいる。暴力団の組長が、一本数百万円と言われる化粧まわしを贈ることもあり、地方巡業の際には、力士を自宅に宿泊させた。これは「民泊《みんぱく》」と呼ばれ、タニマチの一つの役割でもあった。

大相撲の各場所は、NHKを通してテレビで全国中継されているわけで、維持員席に座を占めていれば、その姿が映し出されることがある。

これは歌舞伎の劇場のかつての桟敷と共通しており、維持員はその存在を全国に向けてアピールすることができる。だからこそ、暴力団がそこに目をつけるわけで、タニマチであることを誇示しようとする。おそらくそのことは、暴力団同士の関係のなかで意味を持つことだろう。

しかし、タニマチがすべて暴力団というわけではない。現在では、ごく一部である。タニマチであるためには相当な経済力が要る。維持員であるだけでも、出費はかなりのものである。

ただ、6年で414万円以上ということは、1年で69万円であり、一場所あたりでは23万円である。それを場所期間の15日で割ると1万5000円強である。これは、通常の歌舞伎座の桟敷の値段と変わらない。むしろ安い。

歌舞伎座での興行は、通常は毎月昼の部と夜の部に分かれるので、年間だと24回になる(8月は3部制だが、料金は安い)。全部桟敷で観劇すれば、50万円近くかかる。襲名披露興行などがあると、料金はさらに高くなる。歌舞伎座には吉兆の支店があり、幕間にそこで食べれば、6800円かかる。それを加えれば、維持員の年間費用とあまり変わらなくなる。毎月桟敷で観劇する観客は、実質的に歌舞伎のタニマチであると言えるのかもしれない。

第1章でも見たように、相撲がスポーツであると言い切れないのも、結局はこうした興行の形態をとっているからである。

最近の力士に怪我《けが》が多いのは、スポーツであるとされることで、真剣勝負が求められるからである。巨体の力士が力勝負をすれば、怪我を避けることは難しい。芸能としてとらえるならば、星のやり取りや八百長は許容されるはずである。

ネイティブ・アメリカンのポトラッチと贔屓

一流のスポーツ選手は、練習や試合の遠征を行うのに多額の費用を捻出しなければならない。専門の料理人をつけているような選手もいる。プロであれば、それを稼いだ賞金で賄うことになるが、どのスポーツでも賞金や報酬が多額であるというわけではない。

そこに、スポンサーの必要が生まれるわけで、企業などが選手のタニマチ的な役割を果たすようになってきた。それは、企業にとっては宣伝になり、その社会的なステイタスを向上させることに結びつく。

芸能やスポーツは、それ自体は経済活動ではなく、観客やファン、つまりは贔屓がいて、はじめて金を稼ぎ出すことができる。その点で、贔屓の存在は不可欠なわけだが、贔屓として熱を入れ、金を費やせば費やすほど目立つようになる。

そのことは、贔屓にとって快楽に結びつく。金を稼ぎ、それを貯めることにも快楽が伴うが、使うことの快楽にはかなわない。

北アメリカ大陸の先住民（ネイティブ・アメリカン）の社会では、「ポトラッチ」と呼ばれる風習があった。それは、地域の有力者が近隣の人間たちを呼んで、盛大な祝宴を催し、大量の贈物をするものである。その風習においては、「気前の良さ」を示すことがもっとも重要である。それは、富の再分配にも結びつくものだが、惜しみなく贈物をし、ひたすら浪費することに力が注がれた。

贔屓になるということは、このポトラッチに似ている。「角力場」では、濡髪の贔屓の与五郎は、濡髪のことを褒める人間がいれば、自分の持ち物を惜しげもなく与えた。贔屓には際限がないのである。

遊郭での贔屓

贔屓になることで、気前の良さを示すことになる典型が、かつての遊郭、廓である。遊郭のことは、歌舞伎・人形浄瑠璃で頻繁に取り上げられる。それは、相撲の比ではない。遊郭は、歌舞伎と同じように江戸時代に生まれたもので、歌舞伎には遊郭を舞台にしたものが実に多いのだ。

たとえば、「鞘当《さやあて》」という演目がある。これは、歌舞伎を代表する作者である鶴屋南北《つるやなんぼく》の「浮世柄比翼稲妻《うきよづかひよくのいなずま》」の一部となるものだが、単独で上演されることがほとんどである。ほかに、「浮世柄比翼稲妻」の一部をなすものとして今日でも上演されることが多いのが「御存鈴ヶ森《ごぞんじすずがもり》（白井権八《しらいごんぱち》）」である。

「鞘当」の話は単純である。

舞台は吉原の仲之町《なかのちょう》で、中央には桜が何本も植えられている。そこに、雲と稲妻をあしらった羽織を着た不破伴左衛門《ふわばんざえもん》と、燕《つばめ》を描いた浅黄色の羽織を着た名古屋山三《なごやさんざ》が現れる。

二人は恋敵で、出会ったところで、お互いの刀の鞘がぶつかる。これが、「鞘当」という演題の由来になるが、二人が切り合いになりそうなところで、留男《とめおとこ》、あるいは留女《とめおんな》が現れ、仲裁するというものである。

話としてはあっけない。二人のあいだでの渡りぜりふのやり取りや、「丹前六法《たんぜんろっぽう》」と呼ばれる大仰な歩き方が見物になっているのだが、そこには、ある特定の時代の吉原の遊客がどういった階層の人間だったかが示されている。

最初、吉原の遊郭は、現在の日本橋人形町《にんぎようちよう》2、3丁目と日本橋富沢町《とみざわちよう》の一部にまたがる地域に設けられた。だが、江戸の街が発展し、大名の屋敷などもそれに隣接する形で建てられるようになったため、浅草寺《せんそうじ》奥の日本堤《にほんづつみ》に移転する。移転前を「元吉原」と言い、移転後を「新吉原」と呼んで区別される。

元吉原の時代、遊客の中心は武士だった。武士が遊郭の上得意であった。「鞘当」の不破伴左衛門と名古屋山三は武士であり、この時代の吉原の状況が反映されている。

明暦《めいれき》2年（1656年）に新吉原に移転すると、旗本奴《はたもとやっこ》が中心になった。彼らは、徳川将軍家直属の旗本の若い武士や奉公人だった。「かぶき者」と呼ばれたように、華美な風ではあったものの、金は持っていなかった。

歌舞伎の「極付幡随長兵衛《きわめつきばんずいちょうべえ》」では、幡随院長兵衛という侠客が主人公だが、彼を殺害するのは、旗本奴の頭領であった水野十郎左衛門《みずのじゅうろうざえもん》である。その事件は実際に起こったことで、水野は数年後に切腹になる。

旗本奴の後は、遣い込みの代官や、五代将軍の綱吉が普請《ふしん》、つまりは建設工事に力を入れたため、小普請方《こぶしんかた》の役人が吉原に金を落とすようになる。

遊郭の大衆化で変化した贔屓

元禄《げんろく》時代（１６８８～１７０４年）以降になると、吉原の得意客は武士から町人へと変わる。最初は幕府の御用商人で、その後、検校《けんぎょう》や勾当《こうとう》といった高利貸もした盲官や、旗本や御家人に支給される米を仲介した蔵前の札差が得意客になり、幕末の安政（１８５５～１８６０年）以降は、地震や大津波で景気の良くなった職人たちに変わっていく（『三田村《みたむら》鳶魚《えんぎょ》全集』第十一巻、中央公論社、石井良助《いしいりょうすけ》『吉原―公儀《こうぎ》と悪所』明石書店）。

大名から職人へと、遊郭の大衆化が進んだのだ。

大衆化した吉原で起こった悲劇を扱った歌舞伎の演目が「籠釣瓶花街酔醒《かごつるべさとのえいざめ》」である。これは、南北と並ぶ江戸時代の代表的な歌舞伎作家、河竹黙阿弥《かわたけもくあみ》の門人であった三世河竹新《かわたけしん》七《しち》が書いたもので、初演は明治21年（１８８８年）５月の東京千歳座《ちとせざ》だった。

この芝居は全８幕だが、現在演じられるのは５、６、８幕である。主人公の次郎左衛門《じろうざえもん》は、野州《やしゅう》（現在の栃木県）の佐野《さの》からやってくる。ちなみに、佐野は私の先祖の土地である。次郎左衛門の特徴は疱瘡《ほうそう》（天然痘）にかかった経験を持つ点にあり、顔にはあばたがあった。昔は、「麻疹《ましん》は命定め、疱瘡は器量定め」と言われた。

次郎左衛門は江戸へ絹織物を売りに来たのだが、帰りがけに下男とともに吉原を見物する。すると、花魁《おいらん》道中にぶつかり、八《や》ツ橋《はし》花魁の美しさに、すっかりこころを奪われてしまう。その後、次郎左衛門は江戸に来るたびに八ツ橋のもとへ通うようになり、もうすぐ身請けというところまで話が進んでいた。

ところが、八ツ橋には情人《じょうにん》である間夫《まぶ》の浪人者、繁山栄之丞《しげやまえいのじょう》がいた。八ツ橋は、身請けの話を聞いた栄之丞と養父の権八から強いられ、嫌々次郎左衛門に対して愛想づかしをする、つまりは別れてくれと言うのだ。二人にとって八ツ橋は金づるだからである。八ツ橋は、次郎左衛門に対して、身請けはもってのほかで、これからは自分のもとへ遊びに来てくれるなと告げるのだった。

正直な次郎左衛門は、吉原に巣くうよからぬ連中の餌食になったとも言えるが、数カ月後に戻ってくると、愛想づかしになどあわなかったかのように、元の通り、吉原の人間たちと接する。八ツ橋に対しても同じなのだが、最後、「籠釣瓶」という妖刀《ようとう》の力もあり、八ツ橋を斬殺《ざんさつ》してしまう。

現在は、こうした場面しか上演されず、唐突に籠釣瓶が登場することになるが、そこには背景となる出来事があった。

次郎左衛門の父親は、遊女を妻に迎えたものの、梅毒《ばいどく》に罹《かか》ったために捨ててしまい、後には斬殺してしまう。そうした忌まわしい過去があった。父親は、遊女の祟《たた》りによって死んでしまう。次郎左衛門のあばたも、その祟りによるものだというのである。

次郎左衛門は、あるとき、金を奪われそうになったところを浪人に助けられ、その浪人から籠釣瓶を渡されていた。そうしたことが、事件に結びついたとされるのだが、今日では上演されないので、唐突な印象を免れない。現在の上演の仕方では、田舎者としての次郎左衛門の純朴さがひたすら強調される形になっている。

たんなる贔屓ではない遊郭の「馴染」

八ツ橋にとって、次郎左衛門は贔屓の客ということになる。遊郭では、そうした関係を贔屓ではなく、「馴染《なじみ》」と呼んだ。客と花魁とのあいだには性の関係があるわけで、たんなる贔屓ではないからである。

そこには、遊郭の複雑な仕組みもかかわっていた。

遊郭では、遊客がはじめて登楼《とうろう》するのを「初会《しょかい》」と呼んだ。二度目を「裏《うら》」と言い、三度目で「馴染」となる。床をともにするのは馴染になってからである。

遊郭では、遊女が往来に面した店先に並んでいて、遊客は格子越しに遊女を見て、指名する。これを「張見世《はりみせ》」と言う。指名されれば、店の者が「お初会」と声をかけ、客は2階にあがった突き当たりの座敷、引付け座敷に通される。客の前には盃台《さかずきだい》、銚子、硯蓋《すずりぶた》がおかれる。

そこに遊女がやってくるのだが、客と正対はしない。横に並ぶ形となるが、初会では、遊客との距離はかなり離れている。そこで盃を交わすことになる。

二回目に登楼し「裏を返す」が、その際に祝儀をはずめば、「裏馴染」として、三回目と同じ扱いを受けることもできる。二回目には、遊女との距離は近くなる。

三回目に登楼し、馴染になると、馴染金を祝儀として出すことになる。高級な遊女を意味する「昼三《ちゅうさん》」の場合には、馴染金は二両二分になる。遊女にはおよそ半額が渡されるが、残りは他の遊女、勤めて間もない新造《しんぞ》、遊女に使われる見習いの子どもの禿《かむろ》、そして遊女屋の雇人《やといど》に配分される。

遊客と遊女とのあいだを取り持つのは遣《や》り手である。遣り手には、馴染になった際に祝儀が渡される。ただし、それ以降は、祝儀は渡されない。

馴染になることで、はじめて床入り《とこい》がかない、遊客には名前が入った膳と箸が用意されるようになる。一度馴染になれば、他の遊女のもとへ通うのは浮気と見なされる。それが明らかになれば、客の方が詫びをいれなければならなかった。

江戸時代後期の風俗誌である『守貞謾稿《もりさだまんこう》』には、「馴染前は房中にも帯を解く事甚稀也《ことはなはだまれなり》、馴染後は必ず細帯《ほそおび》をも解く也、乃《すなわ》ち寝巻帯を解く也」とあるが、京坂では、「初より名をも呼び、又帯をも解く事也」とある。江戸と京坂では仕来たりが異なるのだ。

馴染となった後に、その印として客は寝床で遊女に「床花《とこばな》」も与える。『守貞謾稿』では、「床花と云《いう》は、馴染の後のこと也、此金規定なし、五七両或は十余両、客の随意也」とある。祝儀の額は客次第で決まるというわけである。

高級遊女の必要経費

このように、遊郭の仕来たりは煩瑣《はんさ》で、その上、遊女と馴染になるには、莫大な金を必要とする。その目的が、たんに性的な快楽を得ることにあるとすれば、遊客にとって、そうした仕来たりは不要だし、無駄なものに大金を費やす必要はないということにもなってしまう。

実際、江戸時代初期に中核を占めた大名などの武士層から町人層に遊客が変化していくと、吉原のやり方は敬遠されるようになる。それを反映し、「太夫《たゆう》」や「格子《こうし》」と呼ばれる高級な遊女は、18世紀の中頃には姿を消す。また遊客は、吉原以外の場所に続々と生まれた「飯盛旅籠《めしもりはたご》」や「岡場所《おかばしょ》」で、欲望を満たすようになっていく。吉原は、幕府が公認した唯一の遊郭だったが、飯盛旅籠や岡場所は半公認、もしくは非公認の遊郭だった。

しかし、逆に言えば、吉原の仕来たりが煩瑣で、その上、多額の費用を必要としたことが、その魅力を高めていたと見ることもできる。

吉原の遊郭がいかに豪華なものであったかについては、前掲の『世事見聞録』では、次のように描写されている。


世の潤沢に連れて、廓中の大造、楼台の結構、閨中《けいちゅう》の美麗なること、言語に述べがたし、まづ座敷中、襖《ふすま》・唐紙《からかみ》など金銀の彩色を尽し、床・違棚《ちがいだな》の物数寄《ものすき》、あるいは紫《し》檀《たん》・黒檀《こくたん》・タガヤサン等の唐木《からき》を用ひ、書画の軸物、香花《こうばな》の器物《きぶつ》、和漢の珍器を集め、衣類・夜具・蒲団をも金襴《きんらん》・緞子《どんす》・天鵞絨《ビロード》または唐織《からおり》・繻子《しゅす》・羅紗《ラシャ》などを用ひ、髪のものは玳瑁《たいまい》・鼈甲《べっこう》・珊瑚《さんご》・金銀等の細工を尽し、その華麗なること古今例しなき容体《ようだい》なり。

これだけ豪華に部屋を飾り、着物や飾り物にまで贅《ぜい》を尽くすのだから、遊女は多額の金を稼ぎ出さなければならない。太夫・昼三といった格の高い遊女だと、一年のあいだに、五、六百両から七、八百両は必要となる。しかも、遊客が支払う揚代は遊女屋へ入ってしまうもので、遊女は、「客なるものを誑《たぶら》かし賺《すか》して」、大金を得なければならないのだ。

夜具には五十両から百両、髪を鼈甲の簪《かんざし》十本余りで飾れば、百両から二百両かかる。『世事見聞録』では、六、七百両は米穀2000俵に値するとしている。前の章で見たように、米1俵は3万6000円程度に見積られるので、2000俵なら7200万円程度に匹敵する。

さらに、高級な遊女であれば、書道、活け花、茶道、和歌、俳句、琴、三味線、囲碁、将棋などを習い、教養を高めておくことが必須だった。遊郭で多くの金を落とす遊客には、そうしたことを趣味にしている人間たちが、武家、町人を問わず、少なくなかったからである。

高級遊女に手が出ない庶民が吉原を訪れるとき

また、遊郭では酒宴が開かれるわけで、そこでは、さまざまな人間が一堂に会し、親交を深めた。草双紙《くさぞうし》の「吉原大通会《よしわらだいつうえ》」には、江戸の狂歌師が吉原に集まった光景が描かれている。これはあくまで一つの趣向で、現実に起こったことではないが、狂歌の会や書画、音曲のお披露目会などは実際に開かれている。堀口茉純《ほりぐちますみ》は、『吉原はスゴイ―江戸文化を育んだ魅惑の遊郭』（ＰＨＰ新書）で、吉原は「参加者同士が士農工商の身分や肩書きにとらわれず、文化を愛する一人の紳士として向き合い、交流できる社交サロンとして機能していた」と指摘している。

こうしたことは、社会の上層階級に限られたことで、一般の庶民には無縁だった。しかし、高級な遊女に手を出すことができない一般の庶民でも、吉原を訪れることがあった。

それは、吉原には特有の年中行事があったからである。吉原の三大行事と言えば、3月の桜、7月の玉菊灯籠《たまぎくとうろう》、そして8月の俄《にわか》である。

「籠釣瓶花街酔醒」の舞台でも見られたことだが、3月の吉原では満開の桜が咲き誇っていた。文政10年（1827年）刊行の『江戸名所花暦』では、「毎年三月朔日《さくじつ》より、大門のうち中の町通り、左右をよけて中通りへ桜樹千本植える。常には、これ往来の地なり」とある。

吉原の桜は、寛保《かんぽう》元年（1741年）の春に、茶屋の軒下に鉢植えの桜を飾り、評判になったことにはじまる。翌年からは、その時節になると、桜の木を植えるようになる。葉桜まで楽しんで、その後はまた抜かれた。染井吉野《そめいよしの》が生まれるのは江戸時代も末期のことだから、この桜は山桜の一種だったはずである。

玉菊灯籠の玉菊は、18世紀はじめに実在した吉原の遊女で、芸事に秀で、才色兼備で三味線と拳《けん》遊び（手を使って勝負を争う遊び）の名手だった。ところが、大酒のみで、そのために25歳くらいで早世してしまった。そこで、その新盆に茶屋の軒に供養のため灯籠を吊ったのが、玉菊灯籠のはじまりであるとされる。

俄は即興芝居のことで、明和4年（1767年）以来、毎年8月1日から1カ月行われた。芝居を演じるのは、遊女ではなく、幇間《ほうかん》や芸者、禿などの裏方であり、歌舞伎や昔話の登場人物に扮装して即興劇を演じ、吉原のなかを練り歩いた。俄の際には、仲ノ町の往来が開放され、一般の女性や子どもも見物に訪れた。

吉原には、土産になるような名物もあった。「助六由縁江戸桜《すけろくゆかりのえどざくら》」では、助六の敵役となる髭《ひげ》の意休《いきゅう》の子分として朝顔仙平《あさがおせんぺい》が登場し、せんべい尽くしをやるが、そのなかに出てくる「竹村の堅巻《かたまき》せんべえ」を製造している竹村伊勢という店は吉原にあった。この店では、あんころ餅の一種である「最中《もなか》の月」も製造しており、それも吉原名物として人気を集めた。ほかに甘露梅、昆布巻き、漬け菜も名物になっていた。

金がすべてというわけでもない吉原の作法

吉原を訪れる人間を楽しませるものとして、普段の日にも行われたのが、「花魁道中」であった。道中とは、もともとは旅のことだが、花魁が吉原のなかで、馴染の客を迎えに茶屋に赴くときの行き帰りが花魁道中と呼ばれるようになる。その際には、花魁は踏み出す足を外側に回す「外八文字《そとはちもんじ》」で歩いた。京坂の島原《しまばら》や新町《しんまち》では、内側に回す「内八文字」だった。

道中を行う際の花魁の衣装、格好は、元吉原の時代には必ずしも派手なものではなかった。だが、新吉原に移って以降、次第に派手なものに変化していった。最終的に、花魁は留袖《とめそで》を着て、半幅帯《はんはばおび》を前で結び、打ち掛けを着用するようになった。歌舞伎に登場する花魁の道中は、この姿である。

花魁道中においては、通常は花魁のほかに、振袖を着た新造、禿、そして若い者が一人つくだけだった。ただし、豪華な行列だと、先頭に花魁の名前と定紋《じょうもん》が入った箱提灯を持つ若い者が立ち、その後に、禿が来る。中央では、12本の笄に二枚櫛を挿し、5、6枚の着物の上に打ち掛けを羽織り、帯を前結びにして、黒塗りの三枚歯の高下駄を履いた花魁が外八文字を描きながらゆっくりと歩み、その後には、振袖新造、年増《としま》の番頭新造、遣り手が続いた（菊地ひと美『廓の媚学』講談社）。

これはまさに、「籠釣瓶」や「助六」の舞台で見られる花魁道中である。

花魁は高嶺の花であり、憧れの的であった。客に対しても媚びることはなく、気に入らなければ拒んだり、待ちぼうけを食らわしたりすることもあった。何より、格の高い人気の花魁の馴染になるには、莫大な費用がかかるわけで、遊女に入れあげた結果、身代を潰すような人間も現れた。だからこそ吉原では、客を一夜以上泊まらせてはならないことになっていたが、居続ける客も少なくなかった。そうなると、費用は嵩《かさ》むし、仕事もしないわけだから、身を持ち崩すことにもつながった。

一般の庶民が吉原で遊ぶことに大枚をはたくことはできなかったものの、人気の花魁の姿は浮世絵に描かれ、市井《しせい》の男性ばかりではなく、女性の目も引きつけた。豪華な衣装を身にまとう花魁は、当時のファッション・リーダーでもあった。

浮世絵には、劇中で花魁に扮している歌舞伎の女形の姿も描かれた。浮世絵は、摺《す》り物で大量に出回ったが、摺り物ではない一枚物の肉筆画もあり、これは、大名や裕福な階層の人間に好まれた。

歌舞伎の場合、贔屓が生まれるのは、役者が演技をするからであり、劇場のなかに生み出される特別な世界が、さまざまな点で魅力に富んでいるためである。

それは、相撲についても言える。強い相撲取りがいるからこそ、熱烈な贔屓が生まれるわけである。あるいは、同じ地域の出身であるということが、贔屓になる要因であったりする。その力士が強くなっていくことを期待し、それに賭け、その過程を見守るのである。贔屓となった客と歌舞伎役者、あるいは相撲取りのあいだに性的な関係が結ばれることもあった。しかし、そうした関係を結ぶことが贔屓になる主たる目的ではないし、そうした関係があることで贔屓になるわけでもなかった。

ところが、遊郭の場合には、遊客が遊女と性的な関係を結ぶ場であり、それが基本だった。そこで、贔屓ではなく、馴染ということばが用いられた。

馴染を引きつけ、くり返し遊郭に通わせるためには、そこが魅力のある場所でなければならなかった。その際に、最初、大名や武士を客としたことが幸いした。客の経済力に相応する形で、遊郭を豪華なものにし、遊女に教養を身につけさせることが可能だったからである。それによって、吉原のステイタスは上がり、そのため、商人が役人を接待する場所として活用されるようになった。

吉原のステイタスが上昇するとともに、遊女は、簡単には近づきがたい存在となっていった。たんに金を積めば、花魁をものにできるわけではなかった。近づくためには作法に従い、客として洗練された振る舞いをしなければならなかった。もちろんそこには金の裏づけを必要としたが、金がすべてというわけではなかった。

贔屓にとって実はタブーである独占

九鬼周造が『「いき」の構造』で扱っているのは、遊郭で展開される色事の世界である。その世界では、いきであることが至上の価値を持った。遊女も、そして遊客も、ともにいきでなければ遊郭で遊ぶことはできなかった。そこから外れれば、「野暮《やぼ》」、あるいは「下品」として否定的な価値しか与えられなかったのである。

客に、洗練されたいきを求められたとき、それに応えようとしたのは、遊郭が現実の社会とは根本的に異なる夢の世界となっていたからである。そこには、美しい遊女たちがいて、毎夜盛大な祝宴が催されている。そこは、究極のハレの場であり、非日常の空間であった。

その世界が維持されるためには、莫大な金がそこに注ぎ込まれなければならなかった。そこには、江戸時代における経済の発展ということがかかわっていた。江戸時代の経済発展は、「農村工業を中心とした製造業部門によってではなく、実際には商業・サービス部門の成長に大きく牽引されたものであった」（高島正憲《たかしままさのり》『経済成長の日本史―古代から近世の超長期GDP推計　730－1874』名古屋大学出版会）という指摘もある。これによって、遊客の中核をなす社会階層が豊かさを実現し、遊郭で遊興することが可能になったのである。

それは、遊郭の馴染客を増やすだけではなく、歌舞伎や相撲の贔屓を増加させることにも貢献した。馴染も贔屓も、惜しげもなく金を費やす存在である。

一代で財をなした紀伊国屋文左衛門《きのくにやぶんざえもん》には、千両、ないしは二千三百両で吉原を貸し切りにしたという話が伝えられている。これは、文左衛門の死後に作られた伝説の一つと考えられるが、それは当時の人々にとっての夢でもあった。

これは、現代で言えば、東京ディズニーランドを一人で貸し切りにするようなものである。それは不可能なことではないのだが、それには数千万円の費用がかかる。ディズニーランドを一人で貸し切りにしたとして、キャラクターやキャスト（スタッフ）は盛り上げてくれるかもしれないが、ほかにゲスト（客）がいなければ、夢の国を味わうことはできないであろう。

それは吉原についても言えることで、そこが非日常の夢の世界であるには、多くの客が押し寄せ、宴をくり広げていなければならない。遊郭もディズニーランドも、本質的に独占できないものなのである。

独占という行為は、贔屓や馴染にとっては、実はタブーである。

贔屓が歌舞伎役者を独占して自分のものにすれば、究極の満足が得られるように思われるかもしれない。だが、そうなると、他の人間がそこにかかわることはなくなる。役者が、一人の贔屓に独占され、その人間のためだけに演技をするというのであれば、もうそれは役者ではないのだ。

役者に価値があるのは、あくまで舞台に立って、立派な演技をするからである。その機会が奪われてしまえば、その役者の価値はなくなる。そんな役者を贔屓として独占することには、何の意味もないのだ。

身請けされた遊女は妻であり妾であるため、贔屓の対象ではなくなる

贔屓ということが成立するには、公的な空間が必要である。それは「世間」としてとらえることができる。世間こそが真の舞台であるとも言える。世間という公的な空間でしか贔屓は成り立たない。贔屓であるということが、そうした空間において周囲に認識されなければ、そこに価値は見出せないのである。

それは、馴染についても言える。馴染になったとしても、客は遊女を独占できるわけではない。客の方の浮気はご法度だが、遊女にはほかにも馴染がいる。そうでなければ、莫大な金を稼ぎ出すことなどできない。

馴染客が遊女を独占する方法としては、身請けということがあった。それには相当の費用がかかり、その額は、高級な遊女であれば、数千万円にのぼることもある。

たしかに身請けしてしまえば、遊女はその客のものになる。自分で囲えば、廓に通う必要はないし、遊女を独占できる。

しかし、身請けされた遊女は、遊女でなくなったわけで、ただの女性である。そこに特別な価値があるわけではない。少なくとも、遊郭での豪遊が与えてくれる華やかさは、もう存在しない。その女性がいかに美しかったとしても、それはただの妻であり、妾である。

実質的に、贔屓は、贔屓の対象を独占できないと言える。役者も、相撲取りも、そして遊女も、その価値は、個人に備わったものではなく、あくまで彼らが活動する舞台となったシステムに依存している。

贔屓や馴染は、そのシステムにおいて不可欠な役割を果たしている。彼らが客として来なければ、システムは機能せず、維持されていかないからである。

贔屓や馴染には、普段生活している日常の世界があり、そこから客として、劇場や本場所、遊郭を訪れる。その点では、贔屓や馴染の外側に、芝居、相撲、遊郭の世界があるようにも思えるが、実際には、それぞれの世界のなかに深く組み入れられている。そして、莫大な金を落とし、なおかつ粋な態度をとることを強く求められているのである。

ここで一つ着目しなければならないのは、贔屓ということばの使われ方である。

贔屓の役者ということでは、贔屓される側を意味する。

ところが、役者の贔屓、ご贔屓となれば、贔屓する側を意味する。

「贔屓の田之助」とも言えるし、「田之助の贔屓」とも言えるのである。

これは、贔屓する主体と客体とが一体の関係にあることを示唆している。それは、馴染ということばについてもあてはまる。「馴染の花魁」とも言えるし、「花魁の馴染」とも言えるからである。前者では花魁を指し、後者では遊客の方を指す。両者が合一し、一体化した状態が、馴染であるともとらえられるのである。

贔屓や馴染となった瞬間に、その人間は、自分が贔屓している、あるいは馴染としている人間と同じ世界に属するようになる。

贔屓や馴染は、金を出す、スポンサーではあるものの、廓の世界においてはその対象となる花魁よりも立場が上というわけではない。そのことは、遊女が遊客より上座を占めるところに示されている。そして客が、贔屓風や馴染風を吹かせ、役者や遊女を無下に扱うことは、いきとは見なされなかった。それほど野暮なことはなかったのである。

第4章　判官贔屓の深層心理

源義経は美少年だったか？

この章では、「判官贔屓」について考えていくが、これは、「ひいき」の構造を考える上で極めて重要な概念である。

では、判官贔屓とは何なのか。

辞書の説明では、すでに見たように、「源義経を薄命な英雄として愛惜し同情すること。転じて、弱者に対する第三者の同情や贔屓」（『広辞苑（第5版）』）とある。

まず源義経である。

義経は、平安時代末期の武将であり、鎌倉幕府を開くことになる源頼朝《みなもとのよりとも》は異母兄にあたる。この兄弟の父親は源義朝《よしとも》で、頼朝の母は義朝の正妻だった藤原季範《ふじわらのすえのり》の娘であり、義経の母は側室《そくしつ》の常盤御前《ときわごぜん》だった。

義経については、能楽や歌舞伎をはじめ、映画やテレビ・ドラマに登場するので、源氏と平家の戦いのなかで大いに活躍し、最期《さいご》悲劇的な死をとげたことが知られている。しかし、そうした劇的な物語は、さまざまな創作の結果であり、歴史上の事実として受け取るわけにはいかない。

物語世界の義経は、美少年、あるいは美男子として描かれる。だが、義経が亡くなってからそれほど時間が経っていない段階で作られたとされる『平家物語』においては、義経は色白で背が低く、前歯がとくに出ていたという記述がある。

義経にかんしては、同時代の史料は決して多くはない。

摂政関白だった九条兼実《くじようかねざね》の日記『玉葉《ぎよくよう》』に、「武勇と仁義に於いては、後代の佳名《かめい》を胎《のこ》す者歟《か》。歎美すべし」とある。佳名は名声のことである。

また、後白河法皇《ごしらかわほうおう》の第二皇子だった守覚法親王《しゆかくほうしんのう》の著作『左記《さき》』の序文には、「直《ただ》の勇士に匪《あら》ざる也……その芸を携え其の道を得る者歟」とある。

このように、当時の公家が義経に対して高い評価を与えていたことは事実だが、断片的で、その全体像は必ずしも明確になっていない。鎌倉幕府の歴史をつづった『吾妻鏡《あづまかがみ》』や系図集である『尊卑分脈《そんぴぶんみやく》』にも登場するが、詳しい事績については、『平家物語』や『平《へい》治物語《じものがたり》』といった軍記物で語られているだけである（原田信男《はらだのぶお》『義経伝説と為朝伝説—日本史の北と南』岩波新書）。

義経の生涯について何より詳しいのは、第1章でもふれたように、室町時代の初期から中期にかけて成立した軍記物の『義経記』である。

『義経記』の一番の特徴は、義経が源氏の武将として平家追討に活躍した部分がほとんど省略されていることにある。では、何が描かれているのか。原田は、「前半は牛若丸としての不遇な幼少期からの活躍を描いて、金売吉次《かねうりきちじ》や鬼一法眼《きいちほうげん》とその娘などが登場する物語となっている。そして後半は北国落ちの末にいたるも、泰衡《やすひら》の裏切りで自殺を遂げるまでの逆境の物語で、吉野での静との別れや、弁慶や佐藤忠信《さとうただのぶ》などの郎従《ろうじゅう》たちとの逃亡譚が中心となる」とまとめている。

『義経記』と歌舞伎「義経千本桜」

ここにあげられた人物のうち、静（御前）や弁慶、佐藤忠信は、『吾妻鏡』にも記述があり、実在の人物だが、金売吉次や鬼一法眼となると、軍記物にだけ登場する伝説上の人物である。

歌舞伎の贔屓であれば、『義経記』の前半から「鬼一法眼三略巻《さんりやくのまき》」が、後半から「義経千本桜」が生まれたということがただちに理解されるであろう。

「鬼一法眼三略巻」は、人形浄瑠璃として享保16年（1731年）9月に大坂竹本座で初演された。文耕堂《ぶんこうどう》と長谷川千四《はせがわせんし》の合作で、翌年には歌舞伎としても上演されている。

今日では、このなかの三段目「菊畑《きくばたけ》」と四段目「一條大蔵譚《いちじょうおおくらものがたり》」が上演されることが多い。「菊畑」には、鬼一法眼とともに、義経が虎蔵《とらぞう》として登場する。「一條大蔵譚」では、義経の母、常盤御前が登場するが、その夫となった一條大蔵卿長成《ながなり》は、平家全盛の時代に、源氏の血を引くことを隠すため作り阿呆《あほう》になっているという設定である。

「菊畑」と「一條大蔵譚」は、人気の演目で上演回数も多いが、歌舞伎の世界においてそれ以上に重要な作品が「義経千本桜」である。第3章でふれたように、これは、「仮名手本忠臣蔵」と「菅原伝授手習鑑」とともに三大歌舞伎とされ、今でも頻繁に上演されている。

さらに、歌舞伎の演目としてはもっとも重要なものの一つと言える「勧進帳《かんじんちょう》」も、義経一行が作り山伏となって落ちのびていく姿を描いたものである。

これは、能楽の「安宅《あたか》」を移したもので、最初、元禄《げんろく》年間に、初世市川團十郎が「星合《ほしあい》十二段《じゅうにだん》」として演じた。それを七世團十郎が能舞台に模した松羽目物《まつばめもの》として作り直したのが「勧進帳」である。

「義経千本桜」は、兄頼朝から謀反の疑いをかけられた義経が、京の都から、摂津《せっつ》の大物浦《だいもつのうら》、吉野へと逃避行を続けていくことが物語の中心をなしている。ただ、義経が主人公であるかと言えば、必ずしもそうではない。むしろ脇役である。

冒頭の、浄瑠璃で言えば初段の部分は上演されることが少ないが、二段目の「伏見稲荷《ふしみいなり》の段」では、実は狐である佐藤忠信が主役である。続く「渡海屋《とかいや》・大物浦の段」では、渡海屋銀平《ぎんぺい》に身をやつした平家の武将、平知盛《たいらのとももり》が、三段目の「鮓屋《すし》の段」では、この作品で創作されたいがみの権太《ごんた》が主役である。そして、四段目の「河連法眼館《かわつらほうげんやかた》の段」では、ふたたび忠信に化けていた源九郎狐《げんくろうぎつね》が主役である。源九郎の名は、「伏見稲荷の段」で義経から授かっている。その由来は義経が源九郎判官義経だからである。

「義経千本桜」「勧進帳」ともに主役ではない義経

「義経千本桜」に義経が登場するのは、源平の戦いにおいて顕著な功績を残し、その生涯が軍記物に詳細に描かれているからである。

ところが、義経は主役ではない。それは、「勧進帳」についても言える。この作品の主要な登場人物は、義経に仕える弁慶と、安宅の関を守る富樫《とがし》であり、義経は極めて重要な役ではあるが脇役である。

義経は、卑しい強力に身をやつしているはずなのに、衣装としては紫一色の水衣《みずごろも》を身につけ、鶸《ひわ》一色の大口袴《おおくちばかま》である。どこからどう見ても、身分卑しからぬ貴人の格好である。そこには、武将として平家と激しい戦いをくり広げた面影はない。能楽の「安宅」ともなれば、義経は子役が演じることになっている。

「義経千本桜」の方では、義経は甲冑《かっちゅう》を身につけて登場することが多いが、この役を演じるのは、概して柔らかみのある役者である。荒事《あらごと》を得意とするような役者ではない。

それは、「勧進帳」の義経を、ときに女形が演じるところにも示されている。戦後の歌舞伎界の中心となった六世中村歌右衛門や、その最大のライバル、七世尾上梅幸《ばいこう》、そして現代の坂東玉三郎《ばんどうたまさぶろう》などが義経をつとめてきた。こうした女形が、弁慶や富樫を演じることはあり得ない。

もう一つ、指摘しておく必要があるのは、頼朝の不在である。

義経が逃避行を続けるのは、「頼朝義経御仲不和」（「勧進帳」）となったからだが、頼朝は「勧進帳」にも、「義経千本桜」にもいっさい登場しない。他の義経が登場する演目でも同じである。真山青果《まやませいか》作の新歌舞伎「頼朝の死」においても、主人公の頼家は頼朝の子だが、頼朝はやはり登場しない。

歴史上においては、頼朝と義経が中心であり、軍記物でも両者の活躍が語られる。ところが、演劇の世界では、頼朝はいっさい登場せず、義経も後景に退いた形になっている。

世界的な宗教学者のミルチア・エリアーデは、「暇な神」という考え方を提唱している。各民族において中心的な神は、その後、他の神にその座を奪われ、重要性を失っていくというのだ。頼朝の不在と、義経が重要性を失っていくところは、これに近い。

頼朝は奥に隠れてしまった分、絶大な権力を掌握し、義経の運命を左右しているように見える。そのことは、演劇の仕掛けとして巧みに働いている。

そして、義経は勇猛果敢な武士、武将としてではなく、むしろ、高貴ではあるが弱々しく、家臣に守られなければならない存在としてクローズアップされる。「勧進帳」の冒頭で、「弁慶よきに計らい候へ」と、すべてを委ねてしまうのも、そうした義経像が生み出される原因であり、またその結果でもある。

義経は、判官贔屓についての辞書の説明通り、薄命な英雄であり、愛惜や同情の対象として物語世界に登場する。そうした義経がいるからこそ、弁慶や忠信、知盛の存在感が際立つのである。

恩賞と贔屓

現実の義経は、奥州《おうしゅう》藤原氏を頼って東北まで逃げのび、最期は平泉《ひらいずみ》の衣川《ころもがわ》で襲われ、自害している。だが、やがて、そこで亡くなったのではなく、蝦夷地《えぞち》（現在の北海道）に渡って、アイヌの王となったという伝説が生まれた。この伝説はさらに発展し、最終的には、中国大陸に渡り、ジンギスカンになったという伝承まで生まれた。

しかし、こうした伝説が歌舞伎で取り上げられることはなかった。義経はあくまで薄命の英雄でなければならなかったからである。

では、判官贔屓ということばは、どのようにして生まれてきたのだろうか。

ことばというものは、一旦生まれても、時間の経過とともに、その意味を変化させていくという性格を持っている。ここでは、笹川祥生《ささかわさちお》「贔屓について―中世精神の一側面」（『京都府立大學學術報告　人文』21、1969年）と藪本勝治《やぶもとかつはる》「『判官びいき』と義経観」（『紫苑』8、2010年）という二つの論文を参考にしながら、判官贔屓ということばの誕生と、その変化について追っていきたい。あわせて、贔屓ということば自体の意味の変容についても考えてみたい。

まずは、贔屓ということばについてである。

贔屓は、中国南北朝時代の詩文集である「文選《もんぜん》」に登場する。そこでは、贔屓は力が盛んに入っているという意味で使われており、このことばを取り入れた日本でも、最初はこの意味で使われていた。

ところが、室町時代になってくると、贔屓は、一方に対して不当に肩入れする意味で使われるようになる。つまり、依怙贔屓の意味で使われるようになったのである。

その際には、「贔屓偏頗《へんぱ》」といった形で登場した。偏頗はかたよることで、それ自体で依怙贔屓と同じ意味で使われる。この点では、偏頗は依怙と同じである。

たとえば、元亀3年（1572年）に毛利氏が発した掟では、「不謂親子同名縁類《おやこどうめいえんるいといえども》、不可贔屓偏頗之事《ひいきへんぱのことするべからず》」とある。贔屓偏頗してはならないとされているわけで、それは悪徳と見なされている。

そこには恩賞の問題がからんでいた。武士が戦場で勇猛果敢に戦ったのは、勝利に貢献することで恩賞を得るためである。痛手を負ってまで戦ったにもかかわらず、十分な恩賞を与えられなければ、不満は募る。だからこそ、贔屓偏頗はあってはならないこととされたのである。

掟が発せられる前の年に亡くなっている毛利家の第十二代当主、毛利元就《もうりもとなり》は、贔屓して知行を増やしたり、戦場で功績をあげていない人間に知行を与えたりすることがあってはならないと遺言したという。

江戸時代に入ると、武士の世界に対抗する形で、町人の世界が広がりを見せていく。そうなると、同じ贔屓の意味も変化をとげていく。

弱々しい家に強すぎるつっかい棒をすると

ただそれでも、江戸時代中期に兵法家《へいほうか》の大道寺友山《だいどうじゆうざん》が著した『武道初心集《ぶどうしょしんしゅう》』では、「依怙贔屓などは毛頭仕《つかまつ》るまじき物をと存ずる物に候《そうろう》」と、依怙贔屓が厳しく戒められていた。

しかし、町人が贔屓ということばを使う場合には、そのニュアンスは武士とはかなり異なるものになった。

式亭三馬の滑稽本《こっけいぼん》『浮世風呂《うきよぶろ》』では、「とっさんの贔屓をするじゃァねへが」という形で出てくる。そこには、ひけ目、あるいはうしろめたさの感覚が伴ってはいたが、そういう見方をするのも仕方がないという意味合いも含まれていた。

では、判官贔屓ということばは、どのようにして生まれ、どう変化していったのだろうか。

判官贔屓ということばが、はじめて登場する文献が、京都の俳人、松江重頼《まつえしげより》が書いた俳諧作法書の『毛吹草《けふきぐさ》』である。これは正保2年（1645年）に刊行されたと考えられている。その巻第五に「世や花に判官贔屓の春の風」とある。

この句をどのように解釈するかでは、見方は分かれている。1945年に「判官贔屓考―中世小説を中心として」（『国語と国文学』22）という論文を書いた市古貞次《いちこていじ》は、「一句の意味は美しい桜花が心なき春風にはかなく吹き散らされるのを、ちょうど不遇の英雄義経に贔屓し同情を寄せるのと同様な気持ちを以て、世人挙って愛惜したというのであろう」と解釈している。

しかし笹川は、判官贔屓をしているのは、世の中ではなく春の風の方だとし、花が散るのに遅速があるのは、風が贔屓をしているからだと歌われていると解釈している。

私には、後者の解釈の方に分があるように思うが、『毛吹草』には、巻第二にも判官贔屓が出てくる。

はうぐはんひいき
よはきいゑにつよきかうはり

これに漢字をあてれば、「判官贔屓　弱き家に強き勾張《こうばり》」となる。勾張とはつっかい棒のことである。弱々しい家にあまりに強いつっかい棒をすると、その強い力で家が倒れてしまうという意味で、ここでは判官贔屓が贔屓の引き倒しと同じ意味で使われている。

それが、18世紀に入ると、弱者に対する同情として判官贔屓が使われるようになる。

長崎の天文学者であった西川如見《にしかわじょけん》が享保《きょうほう》4年（1719年）に刊行した教訓書である『町人嚢《ちょうにんぶくろ》』では、「梶原といひぬれば、誰も大悪人なりと疾《や》み、判官殿といへば、三歳の童子も善人なりとして崇《あが》む。世にいふ判官贔屓是なり」とある。梶原とは梶原景時《かげとき》のことで、義経と対立したことで知られる。疾みは憎みの意味で、歌舞伎などでは、大悪人として描かれる。

義経伝説とシーボルト

ただ如見は、義経に対する世間の評価に全面的に賛同しているわけではなく、「義経のふるまひにも非義《ひぎ》多かりし」と述べている。義経も、道理に合わない行動に出たというのだ。

享保7年（1722年）に初演された近松門左衛門《ちかまつもんざえもん》作の浄瑠璃「心中宵庚申《しんじゅうよいごうしん》」では、「八百屋半兵衛《やおやはんべえ》が母が、嫁が憎んで姑去りしたとさたあっては、まんまん千代《ちよ》めが悪いになされませ。判官贔屓の世の中、お前の名ほか出ませぬ」とある。

嫁の名が千代で、その夫が半兵衛である。半兵衛は千代を追い出そうとする母に対して、そんなことをすれば、世間は弱い者に味方する判官贔屓だから、姑の方が悪いと言われるに決まっていると、押し止めようとしているのだ。

さらに、天保5年（1834年）に刊行された人情本《にんじょうぼん》の『貞操婦女八賢誌《ていそうおんなはっけんし》』（滝沢馬琴《たきざわばきん》の『南総里見八犬伝《なんそうさとみはっけんでん》』を模している）では、「酒が云はする悪体も、弱気を憐れむ判官贔屓、実に人情の常なりかし」とされている。ここでは、判官贔屓には、弱きを助け強きを挫《くじ》くという意味が与えられ、人間のあるべき情として肯定的に評価されている。

近代になると、判官贔屓は、さらに肯定的なものとして評価されるようになっていく。

そこには、義経に対する見方の変化ということがかかわっていた。

すでに見たように、義経の死後、平泉で亡くなったのではなく、蝦夷地に渡り、さらには中国大陸にまで至ったという伝説が作られるようになっていた。それは最終的に、ジンギスカンになったという話に発展していくことになるのだが、その説を最初に吹聴《ふいちょう》したのが、ドイツの医師、博物学者で、幕末に来日して長崎で蘭学を講義したフィリップ・フォン・シーボルトであった。

シーボルトが、その説を最初に展開したのが、嘉永5年（1852年）に執筆された『日本』という著作の第1編「日本の地理とその発見史」においてだった。それは、シーボルトの通訳となった吉雄忠次郎《よしおちゅうじろう》が、義経は自害せずに蝦夷から韃靼《だったん》（モンゴル）に渡り、元《げん》の国の祖となったと確信していたことと、新井白石《あらいはくせき》が『蝦夷志《えぞし》』で、義経が韃靼に渡ったと結論づけていたことがもとになっていた。ただし実際には、白石は推論しているだけだった。

シーボルトは、ジンギスカン（成吉思汗）が28歳で大汗《たいかん》に即位した1189年に、義経が32歳で自害したと伝えられていること、ジンギスカンが即位した際に9つの纓《えい》（冠の付属物）の付いた白旗を用いたが、源氏も同じように白旗を用いたこと、ジンギスカンの汗が日本語の守と同じ語源であること、そして、白色を尊重する大汗の風俗習慣が日本の宮廷のそれと一致していることを根拠にあげていた（前掲『義経伝説と為朝伝説』）。

シーボルトの説はどれも根拠薄弱だが、その国の英雄、偉人が他国に渡って英雄、偉人になったという説は、どの国でも好まれるものである。

「義経＝ジンギスカン」説とナショナリズム

たとえば、インドから中国に仏教が伝えられた際、中国では「老子化胡説《ろうしかこ》」なるものが唱えられた。これは、晩年の老子がインドに向かい、釈迦《しゃか》となって仏教を興したという説である。文献上の初出は、後漢末の学者、襄楷《じょうかい》の上疏《じょうそ》（書状）にあるもので、そこでは「或いは言く、老子、夷狄《いてき》に入りて、浮屠《ふと》と為《な》る」とある。浮屠とは中国語で釈迦のことである。

こうした説をまとめたものが「老子化胡経」という仏典である。もちろん、中国で作られた偽経《ぎきょう》の一つであり、４世紀初期に、道教の道士であった王浮《おうふ》という人物が作ったものとされる。

この説は、かなり信憑性のあるものとして中国で受け入れられた。それも、釈迦が老子であるなら、老子の説いた道教の方が仏教よりも優位に立てるからである。

シーボルトの後、義経がジンギスカンになったという説を考証しようとする日本人も現れるが、決定的な影響を与えたのが、1924年に刊行された、キリスト教の牧師でアイヌ研究家でもあった小谷部全一郎《おやべぜんいちろう》の著作『成吉思汗《ジンギスカン》ハ源義経也』であった。これは当時、ベストセラーになっている。

『成吉思汗ハ源義経也』では、小谷部全一郎という著者名の上に、「ドクトルオフフィロソフェー」と記されている。小谷部はアメリカに留学し、イェール大学神学部を卒業しており、神学士の学位を取得していた。『成吉思汗ハ源義経也』は立派な学者が執筆したものだという形で宣伝されたのである。ただし小谷部は、日本人とユダヤ人とが祖先を同じくするという日猶《にちゅ》同祖論にも傾倒しており、その主張は常に怪しい内容のものだった。

したがって、翌1925年には、『中央史壇《ちゅうおうしだん》』という雑誌が、「成吉思汗は源義経にあらず」という特集を組んでいる。そこでは、大森金五郎《おおもりきんごろう》、金田一京助《きんだいちきょうすけ》、三宅雪嶺《みやけせつれい》、鳥居龍蔵《とりいりゅうぞう》といった時代を代表する学識者が、小谷部説に反駁《はんばく》を試みていた。

しかし、小谷部が同じ年に反論をまとめて出版した『著述の動機と再論』には、甘粕事件で服役中だった甘粕正彦《あまかすまさひこ》や、右翼の思想家の大川周明《おおかわしゅうめい》などが絶賛することばを寄せていた。

義経＝成吉思汗説が広く受け入れられたのには、日本においてナショナリズムが高まっていたという時代的な背景があった。

東洋の小国だった日本は、日清戦争と日露戦争に勝利をおさめることで列強の仲間入りを果たす。1910年には韓国を併合し、第1次世界大戦では三国協商の側に立ち、ドイツの極東における根拠地だった青島《チンタオ》を攻撃し、青島と山東半島《さんとうはんとう》の領有に成功する。そして日本は、満州への進出を画策するまでになっていた。

こうした形で、日本のナショナリズムが高まっていくなかで起こった義経像の変容は、判官贔屓ということばにも影響を与えることになる。

義経と貴種流離譚

東京帝国大学の国文学科の教授だった藤村作《ふじむらつくる》は、『現代』誌の1927年5月号に「英語科廃止の急務」という論文を発表しているが、それに先立つ3月には『近世国文学序説』という著作を刊行し、その第7章「判官贔屓と近世文学脚色の傾向」において、判官贔屓は「古今を貫いてゐる国民性の一部と見ゆる」と述べた上で、菅原道真《すがわらのみちざね》、曽我《そが》兄弟、楠木正成《くすのきまさしげ》父子などといった悲劇的な人物に対する感情と共通するとしていた。

また、藤村と同じく東京帝国大学の国文科の出身で、その助教授をつとめたものの、病気で一旦は辞職していた中世文学の研究者である島津久基《しまづひさもと》は、1935年に刊行した『義経伝説と文学』という著作で、「判官贔屓とは、即ち正しくして而《しか》も運命境遇に恵まれざる弱者に同情する世人の声で、その意味での典型的対象を史上に捜《もと》めて、我が九郎判官に於て全く条件の該当する人物が見出された結果、この後にそれが結象したのである」と述べていた。

西川如見のような江戸時代の学者は、義経が完全なる正義ではないことを十分に認識していたわけだが、藤村や島津には、その視点は欠けていた。彼らは手放しで義経を礼賛した上で、悲劇的な生涯をとげた人物を高く評価する日本人の国民性や民族精神に、その源があるととらえていた。

そこには、当時の日本がおかれた状況が反映されていたわけだが、日本は、アメリカを中心とした連合軍とのあいだで戦争をはじめ、それに敗れている。

では戦後、判官贔屓についてのとらえ方に変化はあったのだろうか。

1962年には、国文学者だった池田弥三郎《いけだやさぶろう》が、『日本芸能伝承論』（中央公論社）を刊行し、そのなかには「判官びいき」という文章がおさめられていた。

池田は、慶応義塾大学文学部国文学科で、国文学者で民俗学者の折口信夫《おりくちしのぶ》に師事しており、折口が提唱した「貴種流離譚《きしゅりゅうりたん》」という概念をもとに判官贔屓を分析している。貴種流離譚とは、貴い生まれの人物が、その地位を追われ、流浪する物語のことである。

池田は、悲運に見舞われ、不遇に沈んだ人物は、義経のほかにいくらでもいるにもかかわらず、義経だけが贔屓されたのは、義経が歴史の舞台に登場する前から、日本には無力で、個人としての意思を持たない幼い神や貴人が、辛苦のうちにさすらいの旅を続けるというテーマの物語があり、それがまさに義経にあてはまったからだとしている。すでに見たように、たしかに義経は、『義経記』をはじめとする物語世界や、浄瑠璃、歌舞伎において、そのように描かれている。

赤穂浪士と判官贔屓

この池田説に対して、歴史学者の和歌森太郎《わかもりたろう》は、1966年に刊行された『義経と日本人』（講談社現代新書。これは、1991年に加筆訂正の上、『判官びいきと日本人』木耳社《もくじ》として再刊された）において、賛成だが「ものたりない」と批判している。和歌森は、判官贔屓が成立するのは、義経がたんに流離の旅をする貴種であったからではなく、「落魄《らくはく》させられた」からだというのである。落魄とは零落《れいらく》することを意味する。

和歌森は、「義経のばあいでいえば、頼朝がそうであったように、思いがけぬ身近な存在から蹴落とされるようにして悲遇に泣くことになったという認識が、『ひいき』を誘ったのだと考えます」と述べている。

池田説と和歌森説とのあいだに、どれだけの違いがあるか判然としないところではあるが、折口の主張が持ち出されることによって、判官贔屓は、日本人の民族性に根差したものとして改めてとらえられることになった。それは、戦前の国文学者の議論とは内容が異なるものの、判官贔屓を日本人に特有の美徳としてとらえていることにおいては変わりがなかった。

これに対して、判官贔屓を否定的にとらえる見方も主張されるようになる。

その代表が、映画評論家の佐藤忠男《さとうただお》で、1958年に『裸の日本人―判官びいきの民族心理』を刊行している。これは、当時、ベストセラーを連発していた光文社のカッパ・ブックスの一冊として出たもので、著者はまだ28歳だった。

若いときの著作ということで、それが内容にも反映され、かなり大胆な物言いになっている。乱暴とも言える。佐藤は、日本人が義経をはじめ、南朝の忠臣とされた楠木正成、忠臣蔵の赤穂浪士《あこうろうし》、西南戦争で敗れ自刃した西郷隆盛《さいごうたかもり》など、敗残の将に強い親近感を覚えるのは、「道徳的マゾヒズム」の現れだと述べていた。

佐藤が判官贔屓の対象としてあげている人物たちのなかで、一つ注目しなければならないのが赤穂浪士である。

赤穂浪士は、播磨《はりま》赤穂藩の藩士であったが、主君である浅野《あさの》内匠頭《たくみのかみ》が江戸城の松の廊下で、吉良《きら》上野介《こうずけのすけ》に斬りかかり、負傷させたことで切腹させられる。藩は取り潰され、赤穂藩の藩士たちは浪人の身となった。彼らは、上野介に恨みを抱き、吉良邸に押し入って、上野介を討ち果たした。これが史実としての「赤穂事件」である。

内匠頭が刃傷《にんじょう》に及んだのは元禄14年（1701年）3月14日のことで、吉良邸への討ち入りは元禄15年（1702年）12月14日のことだった。

こうしたことが起こった直後から、この事件は浄瑠璃や歌舞伎として取り上げられるようになる。内匠頭の七回忌にあたる宝永《ほうえい》5年（1708年）1月には京都の亀屋座《かめやざ》で車屋《くるまや》忠《ちゅう》右衛門《えもん》作の浄瑠璃「福引閏正月《ふくびきうるうのしょうがつ》」が上演された。この作品では、軍記物の代表である『太平記』の世界に脚色され、内匠頭は塩谷《えんや》判官《はんがん》、上野介は高師直《こうのもろなお》として登場した。

「仮名手本忠臣蔵」の塩谷判官はなぜ判官なのか？

物語の世界を『太平記』に借りるというのは浄瑠璃や歌舞伎の常套手段であり、それによって、同時代に実際に起こった事件を作品として上演することが可能になった。江戸幕府は、現実の事件がそのまま上演されることを許さなかったからである。

塩谷判官や高師直は実在の人物である。塩谷判官の実名は塩冶《えんや》高貞《たかさだ》で、鎌倉時代から南北朝時代にかけて出雲国守護や隠岐国《おきのくに》守護をつとめた。『太平記』の巻二十一には、「塩冶《えんや》判官讒死事《はんがんざんしのこと》」があり、高貞は、足利将軍家の執事《しつじ》であった高師直の讒言にあって破滅したと記されている。執事は将軍家の家政を預かる立場にあったから、当時の最高権力者の一人であった。ただし、この出来事を裏づける史料は存在していない。

『太平記』に記された出来事が、そのまま浄瑠璃や歌舞伎に取り入れられたわけだが、塩谷という名が選ばれたのは、赤穂藩の名産品が「赤穂の塩」だったからでもある。

赤穂事件を扱った浄瑠璃、歌舞伎の傑作は、なんと言っても、寛延元年（1748年）に大坂竹本座で初演された「仮名手本忠臣蔵」であった。

「仮名手本忠臣蔵」は、架空の物語であり、史実をそのまま描いたものではない。江戸時代の浄瑠璃、歌舞伎は、実際に起こった事件をもとに物語を大きく発展させていくことを特徴としている。したがって、「仮名手本忠臣蔵」における主要な登場人物、お軽《かる》と勘平《かんぺい》などはまったくの架空の人物である。

実在の内匠頭がなぜ上野介に対して刃傷に及んだのか、その理由については諸説ある。内匠頭自身は、幕府の取調に対して、遺恨《いこん》があったとしか答えていない。真相は必ずしも分かっていないのである。

「仮名手本忠臣蔵」では、師直が、判官の妻である顔世御前《かおよごぜん》に横恋慕したことが事件の発端として描かれている。師直のもと、ご馳走役《ちそうやく》としては判官とともに桃井若狭之助《もものいわかさのすけ》が選ばれていた。若狭之助の家臣である加古川本蔵《かこがわほんぞう》は師直に賄賂《わいろ》を贈っており、師直は、顔世御前のこともあり、腹いせに判官を辱《はずかし》める。それが殿中《でんちゅう》での刃傷に発展する。「仮名手本忠臣蔵」では、この師直が判官を辱める場面は、観客を引きつける重要な見せ場になっている。

「仮名手本忠臣蔵」のなかで、内匠頭は塩谷判官高定として登場する。実在の塩冶高貞とは、使われる漢字が二つ異なっている。

ではなぜ判官と呼ばれるのだろうか。

それは、内匠頭が左衛門尉や検非違使尉に任じられたからである。左衛門尉は、義経の検非違使尉と同様に判官である。

ただ、それだけが理由ではないだろう。

「仮名手本忠臣蔵」の前身となった作品はいくつもあるが、そのなかに紀海音《きのかいおん》作の「鬼鹿毛無佐志鐙《おにかげむさしあぶみ》」というものがある。これは、伝説上の人物である小栗判官《おぐりはんがん》が、舅《しゅうと》である横山《よこやま》左衛門《さえもん》から恥辱を受けたため、刃傷に及び、切腹させられ、家老であった大岸宮内ら47名の家臣が仇討ちをとげるという物語である。

くやしさを十分に経験した人物への同化

小栗判官の物語は、中世の終わりから近世にかけて、大道芸、門付け芸として人気を博した説経節《せっきょうぶし》で盛んに取り上げられ、それが、浄瑠璃や歌舞伎にも取り入れられた。小栗判官も、照手姫《てるてひめ》と恋に落ちたことをきっかけに、姫の父親から毒を盛られ、地獄に落とされる。現世には戻れたものの、目も見えず、口も利けなくなり、土車《つちぐるま》に乗せられて各地を流浪する。

落魄させられたことでは、義経にも、塩谷判官と赤穂浪士たちにも通じている。塩谷判官は「えんやはんがん」と読まれ、小栗判官も「おぐりはんがん」である。一方、九郎判官は「くろうほうがん」と読まれるものの、この3人の人物は判官である点で共通する。判官贔屓ということばから、「仮名手本忠臣蔵」の塩谷判官が一般に連想されるかどうかは分からない。だが、「仮名手本忠臣蔵」の塩谷判官は師直という権力者に辱められる弱者である。

武家では、争いや喧嘩《けんか》が起こったとき、双方に罰を加える「喧嘩両成敗《りょうせいばい》」が原則だった。ところが、江戸幕府は、内匠頭には切腹を命じたものの、上野介にはいっさいお咎めがなかった。浪士たちにしてみれば、幕府の判断は甚だしく公正さを欠いたものと映った。つまりは、依怙贔屓があったというわけだ。そして、当時の市井の人々のなかにも、そのように考える人間が少なくなかった。だからこそ、赤穂事件が浄瑠璃や歌舞伎になると、観客は熱狂した。そこには判官贔屓の心理が働いていた。

佐藤が、判官贔屓のなかに、赤穂浪士を含めているのも、こうしたことが背景になっている。

その佐藤の指摘に対して、土居健郎は、『「甘え」の構造』において、「この解釈は全く正しい」と評価している。ただ、マゾヒズムでは分かりにくいということだろう、「もっと普通の言葉でわかりやすくいえば、くやしさのためであるといえばよいだろう」と述べている。土居は、佐藤の道徳的マゾヒズムを、くやしさとして解釈した。

土居は、日本人はくやしさの感情を持ち、その上それを大事にしているととらえる。「くやしい感情自体をいやしむべきものだとは思わない」というのだ。そのために、くやしさを十分に経験した歴史上の人物に同一化し、「その人物を持ちあげることによって自分自身のくやしさのカタルシスをはかっている、と考えられる」としている。

土居が、このことを書いているのは、『「甘え」の構造』の第四章「『甘え』の病理」の『くやむ』と『くやしい』という節においてである。

そのなかで土居は、葬式の際に遺族に対して「おくやみ申し上げます」と挨拶することについて、その意味が永く分からなかったと述べている。

ところが、自らの近しい肉親を失う経験をすると、意味が分かるようになったという。それは、「親しい者を失った時、私は内心くやまれてならなかったから」だというのだ。故人のためにいろいろなことができたはずなのに、それをしないまま亡くなってしまうことで、罪の意識を抱き、「またそのように罪を感ぜねばならぬ自分をくやんだ」というのだ。

くやしさと全共闘運動

土居は、自分がそうした形で死者に対して罪悪感を持ったことについて、「それは自責のように見えて、どこかで死者を恨んでいる。もし死者を恨んでいるのでなければ、運命を恨んでいる」とした上で、「それは罪悪感など感じないようでありたいと内心願っている故に、一種の甘えである」と、くやむ気持ちを甘えと結びつけている。

土居が亡くしたという肉親は、自身の親なのだろう。子どもは年を取っても、どこかで親に甘えている。ところが、親が亡くなってしまえば、もう甘えることができない。それが、くやみの感情を生むというわけである。

ただ、判官贔屓をめぐる『「甘え」の構造』の議論で注目しなければならないのは、くやしさを経験している対象が、歴史上の人物には限られず、同時代の人間も含まれるとした部分である。

その際に土居は、全共闘のことについてふれている。全共闘は全学共闘会議のことで、1960年代の終わりに各大学に結成され、学生運動を担った。『「甘え」の構造』が最初に刊行されたのは、その直後、1971年2月のことだった。

土居は、全共闘に対しては「世間の漠然とした同情が」あるととらえている。それは、世間が全共闘の主張に共鳴しているからではない。全共闘は闘争を進める際に、暴力に訴えることもあり、世間はそれを是認しているわけでもない。だが、全共闘を取り締まる警察の機動隊の方が圧倒的に強く、それに対して全共闘は対抗できない。そのことに対して、世間は「全面的に全共闘の側に立つ」というのだ。

なぜそうなるのか。

土居は、「多くの者は全共闘の学生たちが感ずるであろうくやしさと無意識のうちに同一化し、かくてしばしば頭では彼らを批判しながらも、心情的には声援を送る結果となるのである」と分析している。

実は、『「甘え」の構造』においては、ここだけではなく、とくに最後の第五章「『甘え』と現代社会」の部分において、何度か全共闘運動についてふれられている。「父なき社会」の節では、朝日新聞が行った東大生の意識調査で、尊敬する人物として母親が筆頭にあげられていたことにふれた上で、「東大闘争の最中に催された記念祭で、『止めてくれるな、お母さん、背中の銀杏が泣いている』というプラカードがかかげられた」と述べられている。

これは、学生たちが母親にまだ甘えていることを示しているということになるが、正確には、東大の駒場祭《こまばさい》のポスターに、「とめてくれるな　おっかさん　背中のいちょうが泣いている　男東大どこへ行く」と記されていたことをさしている。このポスターを作ったのは、後に作家として活躍する橋本治《はしもとおさむ》である。

「連帯感・罪悪感・被害者意識」の節では、1969年1月の東大安田講堂攻防戦（土居は「安田城攻防戦」と書いている）について書かれた「天声人語」（『朝日新聞』）の文章が紹介されているが、そこでは、「表面の騒がしさ、険悪さに似ず、一皮むけば、たがいに甘えたり、甘やかしたり、いたわり深い国である。玉砕ごのみのポーズや、妙な判官びいきが国民をたんのうさせて、日本的な〝角材まつり〟は平和であることの象徴といってもよかろう」と述べられていた。

角材は、全共闘の学生が機動隊と戦うために用いた武器だった。このなかで、判官贔屓についてふれられているのは、当時の社会に、全共闘の学生たちに肩入れする傾向が広まっていたことを示している。

理不尽と判官贔屓

ただし、「天声人語」の文章においても、それを紹介している土居の分析においても、判官贔屓は決して好ましいものとして評価されているわけではない。戦前に行われていたように、判官贔屓を日本人の優れた国民性として評価するような視点は、ここにはまったく見られない。むしろ、弱い立場にある人間に対して同情することで満足してしまっていることの問題点が指摘されている。

『「甘え」の構造』においては、甘えということが、日本人に特有の心理として取り上げられている一方で、とくに現代の社会においては、甘えの心理が世界的な広がりを見せていることに随所で言及されている。戦後、日本だけではなく、先進国では驚異的な経済発展が進み、豊かで安定した社会がもたらされた。そうした社会においては、社会制度や組織に依存し、甘えることが可能になったからである。

甘えという現象が日本に特有なものであるかどうかについては、議論しなければならないことが数多くあるだろう。ただ、本書では、贔屓をテーマとしているわけで、その点に深く立ち入るわけにはいかない。

判官贔屓ということについても、弱者を応援するということでは、日本だけではなく、どこの国にも見られることである。

たとえば、プロのサッカー・リーグで、豊富な資金力を持つ強豪チームに、経済力が乏しく有名選手のいないチームが果敢に挑んでいけば、声援の声は弱小チームに向けられるはずだ。

あるいは、第2章で映画「エデンの東」についてふれたが、親に疎まれた弟を主人公にした作品がアメリカに多いのも、弱者に対する共感に普遍性があるからだろう。

では、判官贔屓の日本的な特徴はどこに求められるのだろうか。

それは何より九郎判官義経という人物がそこにかかわっていることがあげられる。もちろん、ここで言う義経は、『義経記』をもとに作り上げられ、軍記物や浄瑠璃、歌舞伎などによって補強された物語上の存在のことをさす。とくに、兄頼朝と不和になった義経が、東北をめざして逃げていくときの姿が判官贔屓ということばから必ずや連想されることになる。

実在の義経が、頼朝から警戒されるようになるには具体的な理由があった。義経は、京の朝廷と結びつき、官位を与えられるまでになったからである。しかし、義経についての物語では、そうした点が示されることはない。

たとえば、歌舞伎の「勧進帳」では、冒頭において、「頼朝義経御仲不和とならせ給ふ」という富樫左衛門《とがしのさえもん》の台詞があるが、そこでは、その理由について言及されることはいっさいない。理由が示されない分、義経は、理不尽に頼朝によって嫌われたかのような印象が残る発端になっており、それは、物語が進んでも同じである。

重要なのは、この理不尽さの面である。義経本人には過失がないのに、権力を掌握した兄に一方的に嫌われ、追われる身となった。そこに、判官贔屓が成立する要因がある。

そして、このことは、依怙贔屓の問題に結びついていくことになるのである。

第5章　贔屓から推しへ

ファンと後援会

贔屓を現代のことばに改めたとしたら、真っ先に思いつくのが「ファン」ということばである。歌舞伎の贔屓なら、「歌舞伎ファン」と言い換えることができる。

歌舞伎がはじまったのは江戸時代で、江戸や京大坂といった大都市には多くの劇場が建てられ、歌舞伎の公演が打たれた。

それによって、歌舞伎役者は一躍人気者になっていくが、すでに述べたように、その姿は浮世絵に描かれた。浮世絵は版画であり、大量販売が可能だった。

遊郭で人気の遊女たちも、やはり浮世絵に描かれた。遊郭に赴き、遊女の馴染になるには相当の費用がかかった。金持ちの道楽でもある。さほど金のない一般の庶民は浮世絵を眺め、遊郭のありさまを想像するしかなかった。

女性の場合、遊女でなくても浮世絵に描かれることがあった。町娘や武家の姫君が浮世絵に描かれ、人気を博することもあったのだ。

浮世絵は、今で言えばブロマイドである。ファンはお目当てのスターのブロマイドを蒐《しゅう》集《しゅう》し、それを眺めたり、部屋に飾ったりする。集めること自体が目的となり、包みを開けないまま大切に保存しているファンもいる。

歌舞伎の専門誌に『演劇界』があるが、この雑誌の目玉は、一人一人に1ページを使った役者の舞台写真である。

舞台写真は、歌舞伎座などの劇場でも販売される。これは生写真で、その月の公演で役者が演技する場面を写したものなので、1カ月近い公演期間の中ほどにならなければ販売されない。どの写真を販売対象にするか、最終的な決定権は役者の側にある。1枚500円だが、熱心なファンの場合には、贔屓にしている役者の写真をすべて買っていく。どれだけの枚数が出るかは月によって異なるが、主役級の役者ともなれば、十数枚の写真が販売されている。

現代の歌舞伎ファンは、「出待ち」や「入り待ち」をすることがある。劇場の楽屋口の前に立って、役者が楽屋に出入りするのを待ち、声をかけたり、手をふったりする。色紙にサインを求めることもあるし、贈物をすることもある。

主要な役者の場合には、後援会を作っており、それがかつての芝居茶屋の代わりをしている。後援会の重要な役割はチケットを販売することにあり、熱心なファンになると、同じ公演に何度も足を運ぶ。襲名披露興行や追善興行《ついぜんこうぎょう》など、特別な公演の際には、劇場のなかに設けられた後援会のテーブルで、チケット代を支払うだけではなく、祝儀を渡すのだ。

役者を贔屓にするということは、たんに劇場に足を運び、演技を観るということにはとどまらない。その役者を、さまざまな形で応援することも贔屓の役割である。裕福な、あるいは社会的に重要な立場にある贔屓なら、タニマチの役割も果たす。襲名などの折には、それに先立って、役者なり、その関係者なりが贔屓の自宅を訪れ、用意してきた祝いの品を渡し、挨拶する。

宝塚歌劇団とヅカファン

現代において、ファンの活動がもっとも組織化されているのが宝塚歌劇団である。宝塚のファンは、「ヅカファン」と呼ばれる。

ヅカファンの姿は、東京なら日比谷で目撃することができる。宝塚の公演が行われる東京宝塚劇場の前で、「会服《かいふく》」と呼ばれる同じデザインの服を着た女性たちが歩道の両側にしゃがみこんで、お目当てのスターの出待ち、入り待ちをしているからである。私も目撃したことがあるが、ほかでは見られない特異な光景である。

宝塚の公演は、本拠がある兵庫県宝塚市の宝塚大劇場でも行われる。地方公演もある。宝塚大劇場と東京宝塚劇場は、宝塚歌劇団の専用劇場である。歌劇団は5つの組に分かれており、それぞれの組が二つの劇場で交代で公演を打ってきた。

歌舞伎の場合には、江戸時代初期にはじまり、その歴史は400年を超える。宝塚の場合には、1914年から公演を行っており、すでに100年を超える歴史を有している。

では、なぜ宝塚歌劇団が生まれたのだろうか。

チコちゃん流に答えるなら、「屋内プールを温水にするのを忘れたから」ということになる。

宝塚歌劇団は阪急電鉄を母体としているが、その生みの親は、阪急電鉄の創業者でもある小林一三《こばやしいちぞう》という人物であった。

阪急電鉄は、大阪を中心に京都や神戸に路線を広げており、宝塚大劇場も阪急宝塚線の終点である宝塚駅を最寄り駅にしている。

ただ、一三の出身は、関西ではなく、甲州の韮崎《にらさき》（現在の山梨県韮崎市）だった。一三の母親は、産後の肥立ちが悪かったのだろう、一三が生まれて7カ月後に亡くなる。父親は養子だったために離縁となり、生家に戻ってしまった。その結果、一三とその姉は、祖父の弟にあたる大叔父の一家に引き取られ、そこで育てられる。

このように説明すると、一三は家庭的に不幸であったことになるが、大叔父の家は韮崎ではかなり大きな商家だった。しかも、一三は、二歳のときに祖父の興した別家の家督《かとく》相続をしており、その別家にもかなりの資産があった。孤児ではあったものの、経済的には裕福に育ったのである。

そうしたことが影響しているのであろう、一三は慶應義塾に入学すると、大学の近くにいくつも芝居小屋があったため、そこに入り浸りになる。しかも、同人誌に劇評を書いていて、それが徳富蘇峰《とくとみそほう》が刊行した日刊の「国民新聞」の目にとまったりした。また、郷里の「山梨日日新聞」には小説を連載した。慶應義塾で学んでいる間、一三は一年に200円の仕送りを受けていた。これは、同じ時代に大学を中退して新聞社に勤めた正岡子規《まさおかしき》の年収、180円を上回っていた。小遣いとしては破格の金額である。

一三は文学志望で、文章修行のために、子規のように新聞社に入社しようとしたが、実際に就職したのは三井銀行だった。銀行員の時代、一時一三は大阪支店に転勤になるが、上方文化に接し、さまざまな遊びを覚えていく。それも、月給とは別に、生家から多額の仕送りがあったためで、一三は遊びの金に困らなかった。それで女性関係も盛んになるが、芝居にものめりこんでいく。

一三は、やがて三井銀行を辞めて阪急電鉄の前身となる箕面《みのお》有馬《ありま》電気軌道という鉄道会社の開業に尽力することとなった。箕面有馬電気軌道の梅田駅から箕面駅と宝塚駅へ行く路線は1910年に開業する。箕面には箕面公園（現在の明治の森箕面国定公園）があり、その利用客を見込めた。ところが、宝塚にはめぼしいものは何もなかった。

かつて温泉街だった宝塚

一三の残した有名なことばに、「乗客は電車が創造する」というものがある。電車が走ることで乗客が生み出され、それで鉄道会社の経営は安定するというわけである。

一三は、このモットーに従って、沿線にある池田、豊中《とよなか》、桜井などで住宅地を開発していった。手始めに池田市の室町《むろまち》に200戸の住宅を建て、それを販売した。これは、田園都市からヒントを得た郊外住宅の先駆けとなるものであった。重要なのは、この住宅を販売する際に、頭金を全体の代金の2割と設定し、残りを10ヶ年賦としたことである。一三は、今日の住宅ローンを導入したのだ。

阪急の開発した宅地の総面積は、のちのことだが、1991年の時点で1293万平方メートルにも及んでいる。そうした住宅地には、その頃勃興しつつあった中産階級が住むようになり、それは路線のステイタスを上げることに貢献した。現在でも、阪急沿線には他の沿線に比べて高級であるというイメージがある。

沿線における住宅地の開発は、乗客の創造に貢献するものではあったが、箕面有馬電気軌道には、多くの乗客を集める観光地、遊興の地が欠けていた。多くの私鉄は、終点や沿線に著名な神社仏閣を抱え、下りはその参拝客を見込むことができたのだ。

箕面には自然豊かな箕面公園があり、春の桜や秋の紅葉の季節には多くの人間が訪れた。一三は、それだけでは十分でないと考え、鉄道が開業した年の11月には動物園を開園する。この時代には、関西では京都にしか動物園がなく、箕面動物園には多くの観覧者が訪れた。ただし、動物園は開園から5年も経たないうちに閉鎖されている。動物の屎尿《しにょう》が発する臭気が問題になったとも言われる。

結局、箕面については、その自然の魅力を生かすしかなかった。その後、箕面周辺では、観光資源の開発は行われなかった。石橋から箕面へ向かう路線が支線であり、石橋で乗り換えなければならなかった点で、さほど重要ではなかったのかもしれない。

それに比べれば、宝塚の方がはるかに重要だった。もともとは、温泉地の有馬まで路線を延ばす計画があったのだが、有馬温泉の旅館は、鉄道が入ってくることで、日帰り客が増えることを懸念し、反対した。そのために、この計画は実現しなかった。鉄道の草創期にはよくあった話である。もっとも、宝塚から有馬に路線を延ばすには、山を越えていかなければならず、工事の難しさも予想された。

そうしたことから、終点である宝塚に乗客を集めることができる魅力的な施設が求められた。実は宝塚では19世紀の終わりから温泉が開業しており、それは乗客を呼ぶ施設になっていた。一三も最初、この温泉街との共存を考えていたが、それはうまくいかなかった。一三は、宝塚線の開業の翌年である1911年に武庫《むこ》川原《がわら》の埋め立て地を買収し、そこに新たな温泉を設けた。これで、宝塚の温泉は「旧温泉」と「新温泉」とに区別されることとなった。

屋内水泳場の失敗が歌劇団を生んだ

一三の手がけた新温泉では、大理石の浴槽を設けたり、婦人化粧室や婦人休憩所を作ったりして女性客を集める努力を行った。

屋内水泳場も作ったが、水を温めなければならないという基本的なノウハウさえ分かっておらず、それで失敗してしまった。

ところが、この屋内水泳場の失敗が、宝塚歌劇団の結成へと結びついていく。

一三は、使われなくなった水泳場の水槽に板張りをして、それを広間として活用し、結婚博覧会や婦人博覧会、芝居博覧会といった催し物を開いた。

さらに、大阪の三越呉服店に少年音楽隊があったことに影響を受け、三越の指導を受けて、1913年に少女の唱歌隊を編成することとなった。宝塚唱歌隊だが、この年には宝塚少女歌劇養成会に改称される。そして、1919年には宝塚音楽歌劇学校が創立され、それに伴って養成会は解散となり、宝塚少女歌劇団が結成される。

なお、三越のもとは越後屋という呉服店で、三井銀行などの三井財閥の礎を築いたことで知られる。

ここで一つ注目されるのは、初期の歌劇団の公演において、一三が作家として深くかかわっていたことである。

一三は、1914年から1918、9年まで唱歌隊のときから22作の脚本を書いている。その時期に上演された作品は64作なので、3分の1強が一三の作品であった。一三は、鉄道会社の経営者でありながら、歌劇の作者としても活躍した。

1924年には、4000人収容の宝塚大劇場が開場している。現在の劇場の客席数が2550席だから、規模としては相当に大きい。当初は、歌舞伎座などと同様に花道が設けられていたが、途中で観客席とオーケストラピットのあいだにエプロンステージが設けられるようになり、それは宝塚独特の「銀橋《ぎんきょう》」と呼ばれた。

1927年には、世界旅行をテーマとした「モン・パリ」というレビューがはじめて上演され、好評を博し、レビューは宝塚の売り物になる。4000人収容の劇場を満員にするのは至難の業ではあるが、劇団員の衣装の露出度の高さが当時としては画期的なものであった。

1934年には東京進出がはかられ、東京宝塚劇場が開場する。歌劇団は300人の劇団員を抱える大所帯に発展していた。

一方で、宝塚には、大劇場がオープンしたのと同じ年にルナパークという遊園地が開園している。その後、植物園や図書館、さらには屋外プールが設けられていく。戦後には、宝塚ファミリーランドと改称される（2003年に閉園）。

こうした施設は、いずれも宝塚線の終点である宝塚駅周辺に設けられたものだが、始発駅となる梅田駅には、1921年に5階建ての阪急ビルディングが建設され、その2階で食堂の営業がはじまる。1階には東京日本橋の百貨店白木屋《しろきや》が入り、食料品や日用雑貨の販売を行った。阪急電鉄の沿線住民は、娯楽のために宝塚駅へ向かい、ショッピングのために梅田駅へ向かうようになったのである。

「宝塚友の会」会員の5つのステイタスランク

その後の宝塚歌劇団は、戦前から多くのスターを生み出し、戦後になってもその勢いは衰えなかった。ただし、テレビが普及し、娯楽が多様化すると、やがて低迷期を迎えることとなった。「宝塚とブレーブス球団は阪急の二大お荷物」と言われた時期もあった。

しかし、1974年に「ベルサイユのばら」が大ヒットすると、宝塚の人気はふたたび盛り上がりを見せていく。それもあり、1980年代に入ると、宝塚独自の「スターシステム」が確立される。

これは、各組に男役と娘役のトップをおいて、それを固定化し、公演の内容はこの二人を主役として組み立てていくというやり方である。あくまで中心は男役の方で、主演する男役は「トップスター」と呼ばれる。一方、主演の娘役は「トップ娘役」と呼ばれる。男役の二番手も固定されていることが多いが、三番手以下になれば流動的である。

ただ、宝塚には、こうしたスターシステムとは別に、もう一つの序列が存在している。そちらの方が歴史としては古い。というのも、歌劇団のメンバーは、誰もが宝塚音楽学校を経ており、その入学年によって序列が作られているからである。

音楽学校は2年で、そこを卒業すると初舞台を迎える。その年が研究科1年とされ、研究科5年の終わりに行われる試験の成績によって学年内での序列が決められる。自らもヅカファンである社会学者の宮本直美《みやもとなおみ》は、『宝塚ファンの社会学―スターは劇場の外で作られる』（青弓社）のなかで、「二つの軸の違いを言い表してみると、スター路線は例外的かつ流動的な序列であり、学年・成績は根本的な序列として、研究科五年以降は不動の形で横たわっている」と述べている。

宮本は、こうした歌劇団のなかでの序列が、ファンクラブの組織のあり方にも影響を与えているとしている。

宝塚の場合、ファンクラブは2種類ある。

一つは、歌劇団公認のファンクラブで、それは「宝塚友の会」と呼ばれる。2021年4月現在入会金は1000円で、年会費は2500円だが、Webからだけチケットを申し込むWeb会員の年会費は1500円である。

会員としての特典は、一般の前売りに先駆けての先行販売に申し込めることにある。先行販売は、「抽選方式」と「先着順方式」がある。ほかには、会員限定の歌劇団メンバーによるトークショーなどに参加できるとか、チケットやグッズが割引になるというメリットがある。

重要なのは、会員には「ステイタスランク」があるということである。

ステイタスランクは、下からレギュラー、シルバー、ゴールド、プラチナ、ダイヤモンドの5段階に分かれており、上に行けば行くほどチケットの当籤《とうせん》確率が高くなる。ランクは、会員としての継続年数、抽選方式での申し込みと購入、先着順方式での購入、『歌劇』や『宝塚GRAPH』といった会誌の定期購読でポイントが加算される仕組みになっている。

こうした仕組みは、「松竹歌舞伎会」と共通する。歌舞伎会の方が単純で、ランクは下から松竹歌舞伎会会員、特別会員、ゴールド会員となり、先行発売日が異なる。

私設ファンクラブの組織力

歌舞伎の場合には、もう一つ、チケットを入手する方法として、それぞれの役者の後援会を通してというものがある。役者には必ず後援会があるわけではないが、名のあるほとんどの役者には後援会があり、チケットの取次を行っている。後援会独自の催し物があったりする点でも、宝塚友の会と共通する。

宝塚にも、友の会とは別に、歌劇団非公認の私設のファンクラブが存在している。東京宝塚劇場の前で整然と出待ち、入り待ちをしているのは、この集団である。ファンクラブは、歌劇団のメンバー別に組織されている。こうした私設ファンクラブは「会」と呼ばれ、そこに、歌劇団メンバーそれぞれの名前や愛称がつけられている。

こうした私設のファンクラブに入会するメリットとしては、チケットの取次があることのほかに、「ガード」に参加できること、「お茶会」に参加できること、「会総見」や「組総見」に参加できること、メンバーから年賀状や暑中見舞い、公演の礼状、バースデーカードなどが届くことなどがあげられる。

ガードとは劇場の前の歩道に生まれる列のことで、楽屋口を出入りするメンバーにファンが勝手に押し寄せるのを防ぐための機能を果たすことから、そう呼ばれる。

お茶会はメンバーとの交流の場である。総見は、歌舞伎公演で見られる舞妓や芸妓の総見に由来するのだろうが、会総見は同じ会に属しているファンが同じ公演を観劇するイベントのことで、組総見となると、それぞれの組に属しているすべての会の会員が一堂に会することになる。

観劇をするときはもちろん、ガードや総見では、それぞれの公演ごとに新調される会服を必ず着ることになる。

観劇する際には、拍手のタイミングも決まっており、トップスターやトップ娘役、あるいは二番手の男役が舞台に登場したときには、盛大な拍手を送る。ほかにも、拍手すべきタイミングが決まっており、それは会を通して会員に伝えられる。ファンクラブでは集団行動が基本なのである。

これだけのことを行うには、ファンクラブの組織化がはかられていなければならない。それぞれのファンクラブには「代表」がいて、全体を統括するが、代表は同時にメンバーのマネージャー、あるいは付け人的な役割を果たしている。そして、代表の下には数人の部下がいて、それは「スタッフ」と呼ばれる。スタッフの下にさらにその仕事を手伝う会員がいる場合もあるが、皆、ボランティアで、その活動から収入を得ているわけではない。

その点では、熱心な贔屓にほかならない。

ファンクラブの会員は、贔屓のスターに少しでも近づこうとして入会しているわけで、とくに公演が行われるときには良い席を求めようとする。会員たちにとって良い席とは、もっとも舞台に近いSS席であり、そのなかでも最前列をもっとも希望する。いわゆる「かぶりつき」である。

しかし、そうしたチケットは数が少なく入手は難しい。そもそも、それぞれのファンクラブは自由にチケットが入手できるわけではない。現在では、チケットを入手する方法は多様化しているが、2008年までは、ファンクラブの会員が発売日に並んで、それで大量に入手するということが行われていた。そこで購入されたチケットは一旦ファンクラブに預けられ、そこから会員の希望者に渡されていた。

観るだけでない、自分を観てもらいたい願望

現在では、友の会でもWebや電話を通して購入することになるので、並ぶことはなくなっているだろう。では、どうやってファンクラブが確保しているのか不明な部分がある。ただ、歌劇団のメンバーからチケットが回ってくるようになっているらしい。

ファンクラブの会員は、いかなる方法でクラブから良い席を入手するのだろうか。そこには、貢献度というものがかかわってくる。

貢献するための方法はさまざまだが、大別すると金と労力である。金の方は、できるだけ多くのチケットを買うことが中心になるが、劇場に足しげく通うには費用がかかる。東京から宝塚に遠征するとなれば、旅費や宿泊費もかかる。また、公演ごとの会服にも費用がかかるし、チケットを買うときには、チケット代とともに「花代」を支払うのが慣例になっている。その額は1000円前後というのが一般的である。

会員のなかには、経済的に恵まれていて、金で貢献する者もいるわけだが、それができない会員の場合には、労力で貢献するしかない。チケットの確保に並んだり、ガードに入ったり、お茶会や総見などに参加したりすることが労力による貢献になる。

こうした貢献度は可視化される。

というのも、会員たちは観劇や会の活動を通して知り合いになっており、誰がどこの席を確保しているかを即座に把握できるからだ。それは、どの会員の貢献度が高いかを示している。第2章で見た、昔の芝居茶屋における桟敷や高土間と同じ意味を持っている。宮本は、その点について、会員のなかに、舞台を「単に観るだけではなく、自分を観てもらうという願望」が存在することを指摘している。

見てもらうことによって、自分がいかに贔屓にしている歌劇団のメンバーに尽くしているのか、そして、いかに熱心にファンクラブに貢献しているのかが明らかになる。それは、同じクラブの会員に対する優越感となり、自らの満足につながるのだ。

スターに憧れるということは、その人間のなかに、できることならスターのように輝きを放ち、世間に認められたいという願望があることを意味する。その願望が、そうした形で満たされるわけである。

宝塚の場合に複雑なのは、そこにファンクラブ同士の力関係が影響してくる点である。これは、宝塚でしか起こり得ない。というのも、そこにはスターシステムがかかわっているからである。

男役のトップスターともなれば、多くのファンがつく。したがって、ファンクラブの会員の数も多くなり、それだけでも、トップスターのファンクラブは大きな力を持つようになる。会員が増えれば、それだけ多くのチケットを確保し、それを売りさばくことができる。劇場でも、ガードでも、同じ会服を着ている人数が多くなるので、その組織の大きさは誰にでも一目で分かる。

しかも、歌劇団の内部には、すでに述べたように、二つの序列がある。ファンクラブも、その影響を受け、同じように序列化される。宮本は、その点について、「下級生のファンクラブは、トップスターの会に従い、それと同時にトップスター自身にも敬意を払う。それはその組のトップスターが好きか否かではなく、トップスターの会への敬意の延長上にトップスターがいる」からだと説明している。

トップスターであっても期間限定のスターシステム

もちろん、ファンがすべて私設のファンクラブに入会するわけではない。入会すれば、貢献度を問われるし、そこには複雑な人間関係も生じる。それを好むかどうかは、人次第である。また、ヅカファンのなかには、特定のスターを贔屓するのではなく、宝塚そのもののファンになっている人間も少なからず存在する。代々ファンになっているようなこともある。

宝塚の特徴として、「卒業」があげられる。

一般のスターの場合にも、引退ということがあり、ある段階で芸能界を退くことはある。女優の原節子や歌手の山口百恵、ちあきなおみなどがその代表である。最近では、安室奈美恵も引退した。

しかし、宝塚の場合には、卒業しても、それ以降、歌劇団に属さない形で芸能活動を行うこともあり、引退と卒業とは別である。卒業は歌劇団を退くことを意味する。トップスターになった者たちはもちろん、卒業後に芸能界で活躍している人間は少なくない。

宝塚のスターは、卒業によって、序列から外れる。それは、そのスターのファンクラブや会員についても言える。スターが宝塚の序列から外れるとともに、ファンクラブも、その会員も序列から外れるのだ。

宮本は、卒業したスターを追いかけるファンもいるが、その活動はスターの舞台を観るだけで、「気持ちのうえでファンであり続けるとしても、宝塚時代の〝魔法〟―つまり、お金と時間を過度につぎ込むような熱狂―は、もはやない」と述べている。

したがって、ファン活動から身を引く人間もいれば、宝塚歌劇自体から遠ざかる人間もいる。あるいは、しばらく間をおいて、次の応援対象を見つける者もいるという。

こうしたヅカファンのあり方は特殊である。その期間は、10年は超えているかもしれないが、20年は超えないだろう。期間限定であり、その点では、「通過儀礼」としての性格を持っている。通過儀礼は一定の期間で終了することが原則である。ファンもまたスターとともに卒業していくのである。

期間が限られたものであることは、ファン自身が認識している。自分の贔屓するスターは、いつまでもトップスターの座にはいないからである。スターシステムが導入されて以降については、12年間娘役トップの座にあった花總まりは例外で、それ以外では6年が最長である。以前だと、8年から10年という例も珍しくなかった。

ファンとしての期間に限りがあることが前もって理解されているために、多くの金と労力を費やそうとするのだ。

卒業するスターが、最終公演の千秋楽を迎えたとき、ファンクラブの会員たちは、全身真っ白な衣装を着て見送る。この習慣が成立したのは平成になってからで、スターの方も、卒業発表の会見には白の衣装で臨む。

葬儀の際、必ず黒い喪服を着る習慣は、庶民のあいだでは戦後になってから生まれたものである。それ以前は白と黒が併用されていた。むしろ白の方が多かった。白を身にまとって死者を送るというかつての伝統が、宝塚の卒業セレモニーに再現されたと考えることもできる。

タカラヅカとAKB48

こうした宝塚独特のシステムを一部取り入れて一時大きな成功をおさめたのがAKB48である。

AKB48は、音楽プロデューサーで作詞家の秋元康《あきもとやすし》がプロデュースした女性のアイドルグループで、「会いに行けるアイドル」が売りになっている。メンバーは流動的で、およそ100人が在籍しているようなこともあった。国内外にそこから派生したグループが生まれたことも、AKB48の特徴である。

こうした女性のアイドルグループの先駆となるものとしては、やはり秋元がプロデュースした「おニャン子クラブ」や、つんく♂がプロデュースした「モーニング娘。（句点がつくのが正式名称だが、以下句点を省く）」がある。

おニャン子クラブの場合には、活動していた期間が1985年から1987年にかけての2年半と短く、その間に加入と脱退がくり返された。特徴は、メンバーには会員番号が与えられ、それをテレビ番組で自己紹介する際に名乗ったことである。

しかし、一度与えられた会員番号は変更されることはなく、出入りが激しかったため、序列としての意味は持たなかった。

モーニング娘の場合には、1997年に結成され、現在も活動しており、その歴史は20年を超えている。モーニング娘でも、メンバーの出入りは頻繁で、メンバーから抜けることは、最初の頃はただ「脱退」と言われていた。それが、途中から「卒業」ということばが使われるようになる。そこには宝塚の影響も考えられる。

モーニング娘の特徴として一つあげられるのが、リーダーとサブリーダーの存在である。ただ、リーダーは、とくに初期は、メンバーのなかの年長者が就任する傾向にあり、また、サブリーダーはいない時期もある。その選出に、ファンの意向が反映されるものではない。ほかに、メインボーカルをつとめるメンバーが固定化されることがあるが、あくまで歌唱力が問われ、その人間をあらわすことばも、エースや顔など、明確には定まっていない。序列がはっきりしているわけではないのだ。

これに対して、AKB48の特徴は、序列を明確化したところにある。

序列を生み出したのが、「選抜総選挙」である。これは、シングルCDを発売するときに、それを歌うメンバーをファンの投票で選ぶものである。投票するには、ファンクラブに入るか、その前に発売されているCDを購入する必要があった。投票結果は公表され、個々のメンバーの全体のなかでの順位も明らかにされた。トップに選ばれたメンバーは、ステージにおいて、前列中央のセンターポジションをつとめることになる。宝塚のトップスターと同じである。

この総選挙は、一時大きな話題になり、ファンのなかには、自分が投票したいと考えているメンバーを上位に押し上げるために、同じCDを何枚も購入する人間も現れた。これによって、ファンには金銭で貢献する道が開かれた。

宝塚の場合には、トップスターを選ぶのはあくまで歌劇団の側であり、その選考過程にファンは関与できない。その点では、AKB48の方が「民主的」であるとも言える。選抜総選挙という名称が使われたのも、その点が意識されていたことだろう。

しかし、この選抜総選挙の仕組みによって、宝塚のように、ファンが序列化されるわけではない。ファンは、自分の好きなメンバーの順位が上がれば、大いに喜ぶだろうが、満足はそれにとどまる。ファンのなかでの自分の地位が上がるわけではない。

推しメンの登場

宝塚の場合には、チケットの希少性ということがある。ファンは、かぶりつきの席を望むのだが、その数は限られ、入手は難しい。ファンクラブの活動に貢献しようとするのも、一つは、より良い席を確保するためである。

しかし、AKB48の場合には、定期的に公演が行われる劇場は小さく、そもそも「会いに行けるアイドル」が根本のコンセプトになっている。握手会という行事もあるが、それに参加できるかどうかが、ファンとしての序列にもとづくわけではない。

AKB48の人気が次第に衰えてきたのは、類似のグループの台頭ということもあるが、人気を永続化させる仕組みが十分には確立されなかったからだろう。

宝塚の場合、私設ファンクラブに入って活動するのは、ほとんどが女性である。AKB48のファンにも女性は多いが、選抜総選挙で熱心に投票するのはほとんどが男性である。

男性の場合には、企業などに雇われることが多く、以前なら終身雇用ということで、一つの企業に定年まで勤めた。働いている間には、出世ということがつきまとい、序列のなかで生きざるを得ない。

女性の方も、1985年に男女雇用機会均等法が制定されて以降、企業で働くことが多くなった。当然、正社員として働くならば、出世ということが問題になり、序列のなかで働くことになるが、契約社員なども多く、同じ企業で定年まで勤め上げる女性が多いというところにまでは至っていない。

企業に就職する場合、大学で体育会に所属していることが有利に働くと言われる。先に就職した体育会の先輩から声がかかる可能性があるし、体育会で活動するなかで身につけた上下関係を重視する姿勢が企業側から高く評価されるからである。

しかし、それは男性について言えることで、女性の体育会出身者にはあまり言われない。多くの女性も、体育会で活動しているわけだが、そこには男女の差が存在している。

もし、AKB48のファンのあいだに序列が作られるようになっていたとしたら、男性のファンはそれを望まなかったかもしれない。自分たちは、すでに序列のなかで生きているからである。

一方、宝塚の女性ファンは、現実の社会生活において、序列のなかで生きているわけではないのだろう。序列のなかで、自分の貢献度が可視化されることが、彼女たちの生きがいになり得るのは、それが関係する。あるいは彼女たちの深層心理には、現実の社会生活においても序列のなかで生きたいという思いが潜んでいるのかもしれない。

モーニング娘やAKB48といった女性アイドルグループが台頭してくるなかで、「推しメン」ということばが生まれるようになる。これは、2011年の新語・流行語大賞にノミネートされた。

推しメンとは、アイドルグループのなかで、自分が応援している特定のメンバーをさす。推しメンは、たんに「推し」とも呼ばれる。推しは、現代版の贔屓にほかならない。AKB48の選抜総選挙で、ファンはそれぞれの推しに投票するわけである。

推しメンではなく「自担」と表現するジャニーズファン

女性アイドルグループに比べたとき、男性アイドルグループの方が歴史は長い。その先駆となるものは、1960年代に大きなブームとなったグループサウンズである。1960年代は、ビートルズが活躍した時代でもあり、世界的に男性のアイドルグループが注目を集めた。今日では、ジャニーズ事務所に所属するグループが広く人気を集めることが多いが、ほかにもさまざまなグループが誕生している。

男性のグループでは、女性のグループとは異なり、メンバーが固定化され、出入りが少ないことが特徴になっている。一旦人気が出れば、不祥事でも起こさない限り、メンバーが変わることはほとんどない。基本的に卒業というシステムはない。あるとしたら、グループ全体の解散である。

ジャニーズ事務所に所属しているグループについては、推しメンではなく、「自担《じたん》」という表現が使われる。自分が担当しているということらしい。ただ、自担は推しほど一般化はしていない。

推す対象は、今や女性アイドルグループにとどまらず、かなりの広がりを見せている。アイドル全般をはじめ、俳優やミュージシャン、最近人気のYouTuberも対象になっている。

さらには、特定の人物ではなく、アニメや漫画の作品を推す人たちが増えている。2020年NHKの朝の番組「あさイチ」では、「推し活」を特集している。

推しを応援する活動が、推し活と呼ばれる。その範囲も広く、ステージや舞台を見に行くことから、各種のグッズを購入すること、あるいは、作品の舞台となった場所をめぐったりとさまざまである。由縁の場所をめぐることは、「聖地巡礼」と呼ばれる。

さらには、推しの出身地にふるさと納税をしたり、果ては、特定のアニメの世界を推している人間が、その作品の舞台となった土地に移住してしまうような例もある。推しを通して、新たに故郷となり得るような場所を開拓しているのだ。

推し活をするには、金や時間、そして労力をかけなければならない。それは、これまでの贔屓やファンと同様で、いくらそこに情熱を傾けたからといって、金銭的な見返りがないことでも共通している。

ただ、推し活は、ＳＮＳの発達とともに広がりを見せてきた。推しは、自分だけが推していてはさほど価値はない。多くの人が推しているからこそ、それに価値があるわけで、その点で、歌舞伎や相撲、遊郭と同様に、対象が活躍し、人気を集める公共空間を必要とする。現代では、それをＳＮＳが担っている。推しについてＳＮＳに投稿すれば、同じ推しを推す人から反応を得ることができるし、仲間を見出すことができるのである。

韓国のアイドルグループＢＴＳ（防弾少年団）は、アメリカのビルボードＨｏｔ１００で1位に輝くなど、めざましい活躍をしている。そのファンのグループはＡＲＭＹと呼ばれる。

ＡＲＭＹには韓国のファンだけではなく世界中のファンが集結しているが、彼らがＢＴＳの世界的な人気を高める上で活用しているのがＳＮＳであり、そこで用いられるハッシュタグ（＃）である。同じハッシュタグで情報が発信されることで世界的なうねりを生んでいく（イ・ジヘン『ＢＴＳとＡＲＭＹ』桑畑優香訳、イースト・プレス）。

推す対象を持つことは、その人間の生きがいになる。推しの場合には、期間限定ではない。推す対象が活動し、活躍している限り続く。あるいは、絶大な人気を誇った大スターであれば、その死後も推しであり続ける人間はいる。

推しがいるのと、いないのとでは、生活のありようは大きく異なる。推す対象は、実にさまざまなので、多くの人たちが推しとともに生きている。それこそが、贔屓の現代的なあり方なのである。

第6章　集合的沸騰としての贔屓

21歳作家の芥川賞受賞作『推し、燃ゆ』

「はじめに」でふれた芥川賞受賞作の宇佐見りん『推し、燃ゆ』は、「推しが燃えた」という一文ではじまる。

これだけでは何のことか分からない。

次に「ファンを殴ったらしい」と続く。

これで、推しがファンを持つアイドルや俳優であることが分かる。

その後、「燃えた」というのがSNS上で炎上したことを意味しているのが明らかになっていく。

『推し、燃ゆ』の作者本人には8年間推している俳優がいるという。大学の歌舞伎研究会に属しているという話もあるので、あるいは推しは歌舞伎役者なのかもしれない。作者自身が推しの経験を持つだけに、推しの行動についての描写はリアルである。
小説の主人公あかりは、推しについてのブログをやっている。そのあたりを含め、「推し活」とも呼ばれる行動について、次のように述べられている。

(推しの事件報道の映像を)観終えてからまた戻し、ルーズリーフにやりとりを書き起こす。推しは「まあ」「一応」「とりあえず」という言葉が好きじゃないとファンクラブの会報で答えていたから、あの返答は意図的なものだろう。ラジオ、テレビ、あらゆる推しの発言を聞き取り書きつけたものは、二十冊を超えるファイルに綴じられて部屋に堆積している。

彼女は推しの行動の仕方や心理についてすでに熟知している。さらにこれは続く。

CDやDVDや写真集は保存用と鑑賞用と貸出用に常に三つ買う。放送された番組はダビングして何度も観返す。溜まった言葉や行動は、すべて推しという人を解釈するためにあった。解釈したものを記録してブログとして公開するうち、閲覧が増え、お気に入りやコメントが増え、〈あかりさんのブログのファンです〉と更新を待つ人すら現れた。

こんな生活を高校2年生がしているわけだから、いろいろなところに支障が出て当然である。主人公は病気になり、学校を中退する。アルバイトをしていた居酒屋も解雇される。しかし、主人公にとって何より重大な危機は、ファンの女性を殴ってバッシングを受けた推しが所属していたグループが解散になり、さらには本人が芸能界を引退してしまったことである。

推しとともに生きていた人間が対象を失ってしまう。それは悲劇的な出来事である。人生のすべてを推しに賭けてきたはずなのに、その推しは、推すべき世界から突如消えてしまったのである。

女子高生はなぜ推しにのめりこむのか

そのとき、推していた人間はいったいどうするのだろうか。その点について、『推し、燃ゆ』では必ずしも詳しく描かれているわけではない。そこはこの作品の文学的な評価にかかわってくる。無難なところに着地してしまい、重大なことを避けているところがあるように、私などには感じられる。

この小説のタイトルにある「燃ゆ」には、SNS上での炎上とともに、推しに燃えるという意味がある。燃え上がった炎をどうおさめたらよいのだろうか。これは、本人にとって重大な事柄である。

推しに怒りをぶつけることも難しい。対象の推しと推していた人間とのあいだには直接的な関係がないからである。推すという行為は、本質的に片思いである。

代わりを見つけることも考えられる。新たな推しを見出すのだ。それは、前の章で見たように、ヅカファンのなかに見られることである。

推しから卒業するということも選択肢に含まれる。しかし、高校2年生は、こういう世界から卒業してしまうには、まだ若すぎる。

彼女が推しにかけたエネルギーは相当なものだった。まさに推しに燃えていた。『推し、燃ゆ』ではグループの解散コンサートの場面が出てくるが、主人公は陶酔していく。

第一部が始まり推しの煽りが聞こえた瞬間から、あたしはひたすら推しの名前を叫び、追うだけの存在になった。一秒一秒、推しと同じように拳を振り上げコールを叫び飛び跳ねていると、推しのおぼれるような息の音があたしの喉へ響いてくるしくなる。モニターでだらだら汗を流す推しを見るだけで脇腹から汗が噴き出す。推しを取り込むことは自分を呼び覚ますことだ。

推すという行為は、彼女の生命の源になっていた。

推しの魂の躍動が愛おしかった。必死になって追いつこうとして踊っている、あたしの魂が愛おしかった。叫べ、叫べ、と推しが全身で語り掛ける。あたしは叫ぶ。渦を巻いていたものが急に解放されてあたりのものをなぎ倒していくように、あたし自身の厄介な命の重さをまるごとぶつけるようにして、叫ぶ。

主人公は推しと一体化している。そこには、一体化する仕掛けがあり、推しはファンたちが盛り上がるように煽り、主人公はそれに乗っている。それによって、主人公の推しへの思いは強められる。それだけではない。推しに愛を注ぐことによって、主人公の存在は肯定され、さまざまなしがらみから解き放たれていく。この感覚を味わえるからこそ、彼女は推し活にのめりこんでいったのだ。

デュルケムが指摘する宗教的熱狂

この部分を読んで思い起こされるのが、フランスの社会学者、エミール・デュルケムが、最後の著作となった『宗教生活の原初形態』（古野《ふるの》清人《きよと》訳、岩波文庫）で行った宗教の起源についての考察である。

デュルケム自身は、一般の人類学者とは異なり、フィールドワークをしたわけではない。しかし、人類学者のフランク・ギレンとボールドウィン・スペンサーが行ったオーストラリアの先住民の調査をもとに論じている。

そうした社会は、狩猟や漁労《ぎょろう》によって生活を成り立たせており、それは二つの形相に分かれている。

片方は、小集団に分散し、各家族が狩猟や漁労に従事している時期で、もっぱら食料を得ることに費やされる。

もう片方は、一定の地点に数日から数カ月にわたって集住して生活している時期で、その際には、「コロボリー」と呼ばれる宗教的祭儀が営まれる。
デュルケムは、分散して狩猟や漁労に従事しているときには、「生活を完全に変化のない沈滞した生気に乏しいものにする」と述べている。それに対して、コロボリーの際にはすべてが変わる。デュルケムは、そのときの情景を次のように描いている。

原始人は、情緒的な機能が自らの理性や意志の制御に不完全にしか服従しないので、容易に自制心を失う。多少とも重要な事変がただちに自己忘却に誘う。喜ばしい報知を受けでもすると、狂熱して無我夢中となるのである。それと反対の場合には、狂人のようにあちらこちらを駆けめぐり、あらゆる種類の辻褄の合わない行動に専心し、吼え叫び、塵を集めて、これを四方に投げ、身を噛み、凶暴な風をして武器を振りまわす、などのことが見られる。

人々が集合し、接近していることから「一種の電力が放たれ、これがただちに彼らを異常な激動の段階へ移す」という。デュルケムは、こうした熱狂を踏まえ、「宗教的観念が生まれると思われるのは、この激昂した社会的環境における、この激昂そのものからである」と、宗教の起源をそこに見出している。

もちろん、たんに激昂の状態があれば、そこから宗教が生まれるというわけではない。デュルケムは、同じ本のなかで宗教の定義を試みている。それは、「神聖すなわち分離され禁止された事物と関連する信念と行事との連帯的な体系、教会と呼ばれる同じ道徳的共同社会に、これに帰依するすべての者を結合させる信念と行事である」というものである。

宗教が成立する条件としては、神聖なものが俗なるものから分離され、それにまつわる信仰が形成され、一定の行事が営まれなければならない。その上で、同じ神聖なものを信じる人々は、教会という共同社会に所属していなければならないというのである。なお、このデュルケムの宗教の定義は、『広辞苑』をはじめ日本の多くの辞書で採用されている。ただし、聖と俗を区別せず、教会のような組織を持たないイスラム教にはあてはまらないといった問題がある。

長い時間をかける仕切りと短い勝負

推しに対して熱狂しているファンの姿は、日常生活の場で見られるものとは大きく異なっている。そこから宗教が連想されるかもしれないが、推しが単純に宗教を生むわけではない。しかし、宗教を連想させるような熱狂を伴っていることで、ファンは推しにのめりこんでいくことになる。

デュルケムは、こうした激昂が生む力が各部族を象徴する特定のトーテムに宿っていると考えられるようになるととらえている。推しのビデオや写真集は、このトーテムと同じ働きをすると見ることができる。

デュルケムは、こうした激昂を集合的沸騰とも呼んでいるが、それは贔屓全般について見られることである。

相撲の場合には、勝負の時間自体はたいがい短い。大勝負があっけなく終わってしまうことも珍しくない。

しかし、勝負を盛り上げていく仕掛けがある。その代表が仕切りである。数分間に及ぶ仕切りをくり返していくことで、力士の気力も高まっていく。その高まりは、紅潮した力士の顔やからだに示される。それによって、場内の雰囲気も熱を帯びていく。

仕切りが終わる時間になると、それが告げられ、力士は気力を最大限に高め、土俵に塩をまく。まき方はさまざまだが、なかには大量の塩をまくことを恒例にしている力士がいて、それが場内を大いに沸かせることに結びつく。

私が覚えているのは、1960年3月の大阪場所千秋楽、結びの一番における若乃花《わかのはな》・栃錦《とちにしき》両横綱による全勝対決である。これは、史上初のことだった。

当時は白黒テレビが各家庭に普及しつつあった時代で、大相撲の中継はその目玉だった。小学校にあがる直前の私も、その日一日、そわそわして両横綱の対戦を待っていたのを覚えている。

そのときの取り組みの映像を見返してみると、大阪府立体育館は満員で、しかも、両横綱はがっぷり四つに組んで、取り組みは2分半を超えた。年齢は栃錦の方が3歳上で、そのときはすでに35歳になっていた。若乃花の方が体力で勝っていたということだろう。

私も勝負がついて、やはり若乃花の方が強いと思ったことをなんとなく覚えている。6歳のときの記憶があるということ自体珍しいことで、いかにこの勝負が注目を集め、白熱したものであったのかを示しているのではないだろうか。

1985年の阪神タイガース優勝

これが野球になれば、同じ地域に球団の贔屓が集中しているわけで、優勝ともなれば、地域全体がお祭り気分に包まれる。

私は1985年、阪神タイガースが21年ぶりに優勝を飾った日にたまたま京都に滞在していた。夜ホテルでテレビをつけてみると、NHKを含め、すべてのチャンネルで優勝祝賀番組が放送されているのを見て、驚いた経験がある。おそらくその日、大阪の街ではいたるところで祝宴が開かれていたことであろう。このときから道頓堀《どうとんぼり》への飛び込みがはじまったとされるが、それも球団贔屓の熱狂が生んだものである。

私の東大における宗教学の恩師は、兵庫県尼崎市の出身で大のトラキチだった。東京の東中野には、「とら」というトラキチが集まる居酒屋があるが、恩師はそこにも出入りしていた。

ところが、この年のはじめ、野球シーズンがはじまる前、恩師は体調を崩しており、元気がなかった。たまたま仕事で一緒に出張したことがあったのだが、そのときには、タイガースに対する情熱が失せたと語っていた。

しかしである。

優勝すると、恩師のタイガース熱はたちどころに蘇り、久しぶりの優勝に感激していた。気力が蘇ってきたのだから、熱狂の力は相当に大きなものである。

遊郭や歌舞伎の贔屓を生む上でも、熱狂という側面は重要である。

吉原の仲之町に、毎年、桜の季節になると、桜が植えられることについては、すでに第3章でふれた。桜は、廓の華やかさを増すことに大いに貢献する。しかも、その桜を前にして、花魁道中がくり広げられるのである。

遊郭では、毎晩宴が開かれる。その宴では、美酒や肴がふんだんに振る舞われ、客も遊女も酔いしれる。そこには、野暮なことは持ちこまれない。そして、遊女は舞い、歌い、客もそれにつられて、遊びに興じる。こうした要素がなければ、客は大枚をはたいて花魁の贔屓になることはない。

歌舞伎でも、吉原が舞台になれば、必ず桜が咲いている光景が用いられる。吉原に桜があるのは一時のことだが、歌舞伎では吉原と言えば必ず満開の桜が咲き誇っている。

それは、華やかさを演出する上で、桜にかなうものがないからである。吉原以外が舞台になっているときでも、歌舞伎の舞台には桜が咲き誇っている光景が頻繁に登場する。歌舞伎の華やかさには、桜が大きく貢献している。

歌舞伎の演目のなかには、時期が秋に設定されているものもある。第4章でふれた牛若丸（義経）が登場する「菊畑」（「鬼一法眼三略巻」）では、舞台一面に菊が咲き誇っている。

鬼女が姫に化けている「紅葉狩《もみじがり》」(実は、小林一三が最初に宝塚のために脚色した演目でもある)では、一面紅葉である。それも華やかではあるが、桜には勝てない。舞台に桜が咲いているだけで、観客は一気に華やいだ気分に包まれる。

「はじめに」でふれた、首相主催の桜を見る会が華やかさに包まれ、恰好のアピールの場になったのも、桜だからである。その華やかさが多くの人たちを呼び集めることに結びついた。この会の問題点を追及する側も、華やかさの陰に潜むものをあぶりだそうと躍起になった。

高度経済成長期にもっとも勢力を拡大した日本の新宗教

贔屓を作る上で、非日常の場が生み出されることが不可欠である。

政治の世界でも、特定の政治家の熱心な支持者は芸能の世界の贔屓と似ている。政治の場合、非日常の場となるのは選挙である。

選挙の際に、候補者は選挙区をまわって、支持を訴える。そこには支持者が集まり、とくに選挙終盤ともなれば、集まる数は多くなる。投票日前日の夜は、もっとも盛り上がるときで、実際に選挙活動を経験した人たちは、それによって当選するのではないかと考えるようになるらしい。

政治家は、当選する前も、当選した後も、朝夕に街頭に立って、政策を訴えたりしている。だが、そのときには、支持者が多く集まることはない。そこには熱狂がないからである。

その点選挙は期間が限定されているし、目的がはっきりしている。支持者は短い期間に集中し、最終日に向かって次第に熱を帯びていく。その興奮が忘れられず、選挙活動にのめりこんでいく人たちもいる。選挙は本質的に通過儀礼なのだ。

だが、何より人々を熱狂させるのが宗教である。とくに新宗教は熱狂的な信者を生みやすい。

信者を教団の贔屓としてとらえることもできるだろう。新宗教には、その中心に教祖がいて、信者はその人物にひかれ、熱心な贔屓になっていく。

日本で新宗教がもっとも勢力を拡大したのは、戦後の高度経済成長の時代である。この時代には、創価学会をはじめ、霊友会《れいゆうかい》、立正佼成会《りっしょうこうせいかい》、ＰＬ教団といった新宗教が教勢を拡大し、巨大教団へと発展していった。

なぜこうした現象が起こったのか。それについて、私はこれまでくり返し述べてきた。

簡単に言えば、高度経済成長によって産業構造の転換が起こり、大量の労働力が地方から都市部へと集中するという事態が背景にあった。都市へ出てきたのは、中学までしか進学できなかった人々が多く、彼らの生活は不安定だった。そこに誘いの手を差し伸べてきたのが新宗教であり、その信者になることによって、慣れない都会で人間関係のネットワークを広げることができた。孤独が信仰を引き寄せたとも言える。

新宗教の信者になった人間たちは、もともと宗教を求めていたというわけではない。新宗教の教団が、彼らの生活のバックボーンになり得たから入信していったのだ。彼らは、自分が贔屓にでき、生活の核になるものを求めた。同じようにその宗教を贔屓にしている多数の仲間がいたことが、彼らにとってはもっとも重要なことだった。

その時代、NHKが放送していたドキュメンタリーに「日本の素顔」というシリーズがあった。これは1957年11月10日から1964年4月5日まで306回放送されている。それはまさに、日本の高度経済成長の時期と重なっている。

教祖に「おすがり」して目が見えるようになった信者

「日本の素顔」では、そもそも第1回で新宗教を取り上げている。「新興宗教をみる」というタイトルだった。創価学会を取り上げたこともあった。そのなかで、1963年9月29日に放送されたのが、「教祖誕生」の回だった。私はその番組を後になって見たことがあるのだが、とても興味深いものである。取り上げられているのは、九州の福岡県筑紫野《ちくしの》市《し》にある善隣会《ぜんりんかい》という教団である。善隣会は現在では善隣教と改称されている。

善隣教は10万人から15万人の信者を抱えているとされてきたが、最近では、文化庁が毎年刊行している『宗教年鑑』では信者数は報告されていない。これは、信者の数が相当に減っているからだと推測されるが、「教祖誕生」が作られた時期はもっとも活動が盛んで、多くの信者を集めていた。善隣教では定期的に講習会を開いているが、そこには多くの人がつめかけているし、行事が行われる際には、会場に入りきれず、屋外からそれを見守っている信者が大量にいた。

講習会の目玉は、教祖に対する「おすがり」の場面である。2日目には、教祖が講演を行い、教えを説くが、それが終わると、教祖は上着を脱ぎ、シャツ一枚になる。そして、会に参加した信者たちのなかに入っていくのだ。

すると信者たちは教祖のからだにすがろうとする。皆必死で、教祖のからだであればどこだろうとすがる。教祖にとっては、かなり痛いらしいし、どこをさわられるかは分からない。血が流れることもあるという。テレビには、必死の形相で信者がすがっている光景が映し出されているが、まさにそこには、デュルケムの言う激昂、集合的沸騰状態が生まれていた。

信者のあいだをまわり終えると、教祖は両手を挙げ、信者たちの歓声に応える。すると今度は、「即決」ということが始まる。これは、マイクを持った教団の人間が、おすがりをすることで病気が治ったという信者たちの声を次々と拾い上げていくのだ。

「歩けなかったのが歩けるようになった」

「目が見えなかったのが見えるようになった」

信者たちは、差し出されたマイクに向かって、おすがりに効果があったことを訴える。歩けるようになったという信者は、参加者たちの前で実際に歩いてみせる。それによって、その場の興奮は頂点に達していく。

本当にそんなことがあるのだろうか。この番組を見た人間はそのように考えるだろう。

実は、善隣教の講習会のことは、1980年代にNHKがふたたび取り上げている。私は、この番組も見ているし、放送大学で実験番組を作ったときには、その映像を一部使ったことがある。教祖は二代目に変わっていたが、講習会の様子は同じだった。信者たちは必死の形相で教祖にすがり、その場で、病気が治ったと訴えていた。

ただ、こちらの番組では、講習会の参加者のなかに、何度もそれに参加している人たちが少なくないことが紹介された。その場では治るが、日常の暮らしに戻ると、また病がぶり返すということだろう。講習会ではかばかしい成果を得ることができず、途中で帰ってしまう参加者のことも番組では取り上げられていた。

なぜ教祖におすがりすると病気が治るのか。

医学的に証明することは難しい。ただ、そこで重要になるのが、教祖の修行体験である。

入信のきっかけは「貧病争」と寄附の目標額

「教祖誕生」で取り上げられた善隣教の初代教祖は、からだに障害のある人たちの苦を自ら経験するために、「煉瓦《れんが》の行《ぎょう》」や「無言の行」「目隠しの行」などを実践した。番組では、教祖自らがその行を再現していた。二代目も、そして現在の三代目も、同じような修行を実践することで教祖の地位を継いでいる。

信者が教祖にひかれるのは、講演の話が面白く、ためになるからでもある。教祖は、新陳代謝の法則ということを強調する。人生の絶頂にあっても、すぐに地獄が待ち受けているかもしれないし、その逆も珍しくないというのだ。

だが、ただ教えを説くだけでは、教祖に強くひかれていくことにはならない。そこには、おすがりの体験が不可欠である。それによって、自分の病気や悩みが即座に解決しなかったとしても、同じ場に は、治ったという人たちがいる。今度は、自分もその恩恵に与かりたい。善隣教では、右肘《ひじ》に左手をあて、「やります、やります、やります」と三度唱和することが合いことばになっている。その所作をすることで、信者は信仰の道を進もうという決意を新たにするのである。

新宗教は信者を引きつけていくために、それぞれの教団が特有の仕組みを作り上げていった。

新宗教の入信動機としては、「貧病争《ひんびょうそう》」ということが言われる。貧しさ、病気、そして家庭内の争いごと、とくに嫁姑の争いごとから解放されることを求めて信者になるというわけである。

それも重要なことだが、一方で教団自体が大きな目標を掲げていることも欠かせない。そうした目標があることで、組織の活動は盛り上がりを見せていく。新宗教ではどこでも、巨大建築物を建てるということが、大きな目標になった。

たとえば、創価学会の場合、1990年代のはじめまでは日蓮宗《にちれんしゅう》の一派である日蓮正宗《にちれんしょうしゅう》と深く結びついていた。創価学会が俗信徒の集団であるのに対して、日蓮正宗は出家した僧侶の集団である。その時代、創価学会に入会することはそのまま日蓮正宗に入信することを意味した。

日蓮正宗の総本山となるのが静岡県富士宮市《ふじのみやし》にある大石寺《たいせきじ》である。創価学会は、日蓮正宗と密接に結びついていた時代には、大石寺の信徒団体となっていて、多くの建物を寄進した。なかでも、大石寺に伝わる板曼陀羅《いたまんだら》と称された本尊を祀るための正本堂《しょうほんどう》の建設は最大規模の事業だった。

正本堂を建てるために寄附が募られたが、それは、「供養」と呼ばれた。供養の期間は1965年10月に4日間設けられた。目標は55億円だったのだが、それをはるかに上回る355億円が集まった。それから60年近くが経っており、消費者物価は4・2倍になっている（2020年）。そうであれば、当時の355億円は、現在では1500億円近くになる。相当な巨額である。

大石寺にはほかにも信徒団体があるので、創価学会だけで1500億円近くを集めたわけではないものの、創価学会の信者数は抜群に多く、ほとんどは創価学会の会員たちによるものだった。その後、創価学会と日蓮正宗とは対立し、日蓮正宗は創価学会を破門にしてしまう。それによって、1972年に完成した正本堂は1998年に解体されてしまった。解体費用はおよそ45億円かかったとされるが、阪神・淡路大震災を契機に耐震性が問題になったこと、年間の維持費が10億円もかかること、そして、破門した創価学会の力が大きかったことが解体の理由となった。

自著に「デタラメが書いてある」とうそぶいてもウケる教祖

創価学会の会員が多額の寄附をしたのは、それだけ正本堂が建立されることを望んだからである。創価学会の二代会長である戸田城聖《とだじょうせい》は、1958年に亡くなっており、正本堂が完成した姿を見てはいないが、そこに安置される本尊を幸福を生む機械にたとえた。本尊を拝みさえすれば、幸福が実現されるというのである。大石寺に参拝することは「登山」と呼ばれたが、多くの会員が登山会に参加した。毎年その数は180万人近くにのぼったとされる。

しかし、戸田の述べたことに創価学会の会員たちが納得したのは、戸田が会員たちと直接交わることに熱心だったからである。戸田の立場は、善隣教とは異なり、教祖と言えるものではない。創価学会の信仰の核にある法華経《ほけきょう》の信仰を説く指導者であり、おすがりのようなことは一切やっていない。戸田が力を入れたのは信者に講演を行うことだった。

戸田の講演は、その死後、弟子たちによってレコードとして残されている。興味深いのは、戸田は講演を行う際に酒を飲んでいたことである。演台には水の代わりに酒がおかれていたという。

当然、酒を飲んだ戸田は酔っているわけで、なかには、相当に酒が入っている状態で行われたものもある。そうしたものを弟子たちが残しているのも不思議だが、聴衆は酔った戸田の話に対して盛んに笑い声をあげ、拍手喝采《かっさい》している。今の感覚ではあり得ない状況である。

たとえば、戸田が『小説人間革命』という本を刊行したときの講演がある。それは、1957年6月の初旬から中旬にかけて行われたものと思われる。その際に戸田は、次のように、びっくりするような発言をしている。

それで、それは嘘書いてあるんだぞ。本当のこと書いてないんだよ。だけども、僕の精神は書いてある。どういう風に書いたかっていうとね、ある印刷屋の職工（巌さん)がおってさ、その職工がね、そいつが、ともかく信仰した経路を書いてみたんだよ。

そして僕が牢へ入った時の事をね、そこからは本当なんだよ。牢へ入ったところからは本当なんだよ。その前はデタラメなんだよ。


戸田は、実業の方面には才能があったが、文筆家ではない。したがって、『小説人間革命』は、本人が書いたものではないと考えられるが、今のところ代筆した人間は判明していない。しかし、代筆であるにしても、自分の本にデタラメが書いてあると言い放つ人間は普通ならいない。

それでも、戸田のこのあけすけな発言に、聴衆となった創価学会の会員たちは拍手喝采している。この率直さに、戸田が膨大な数の会員を引きつけ、贔屓に仕立て上げた要因があった。

それは、戸田の後を継いで三代会長になった池田《いけだ》大作《だいさく》にも受け継がれた。ただ、池田は酒が飲めないようで、酒を飲みながら講演することなどない。

贔屓はいつも、する方の片思い

池田がどのような活動をしたかは、『新・人間革命』（聖教新聞社）に詳しいが、基本的には会員のもとへ出向き、直接会員たちとことばを交わすことが中心になっている。もっとも訪れた回数が多いのが大阪で、池田はこれまで大阪を258回訪れている。

池田が地方を訪れた際、再会した人間のことは名前や職業などについてしっかり覚えていて、それで会員を驚かせ、感激させるという。池田は人心掌握術にたけている。

衛星中継を通してであるが、私は、創価学会の本部幹部会での池田の講演を聴いたことがあった。それは実に巧みで、会場につめかけた会員たちとのやり取りもユーモアにとんだものだった。2008年以降、池田は会員たちの前にもほとんど姿を見せなくなるが、それまでは、本部幹部会における池田の講演は会員たちにとって大いなる楽しみだった。そのことは、衛星中継の画面に池田が登場するだけで、それを見ている会場の空気が一変するところに示されていた。

よく新宗教の教祖になりたいという人がいる。教祖になれば、偉そうにしていても、いくらでも金が入ってきて、安泰だということだろう。

しかし、教祖の日頃の活動はかなり大変である。常に信者と接していないと、信者からは熱気が失われ、教団から離れていってしまうからである。なかには、入信していた間は熱心に活動していたのに、何かがあって脱会し、今度は教団を批判する側にまわる人間が出てきたりする。

そうなってしまうのも、入信していた間に、教団に多くの金を費やしていたりするからである。大石寺の正本堂の建設には、創価学会の会員から多額の寄附がなされたわけだが、日頃会員たちは、機関紙の「聖教新聞」を何部もとるなど、活動に金をかけている。「聖教新聞」を配るのも会員たちで、「池田先生のお手紙を届ける」ことを使命としているため、無償か低賃金でそれに従事している。

公明党の候補者に対する投票依頼のための活動にしても、それは無償で行われる。地方で選挙があり、選挙区に住む知り合いのもとに投票依頼に出かけたりする熱心な会員もいるが、旅費は自前である。

それだけ金を出したのに、最後は教団に裏切られた。そういう思いを抱いた人間たちが、教団に対する批判者になっていく。

いったいそれは誰の責任なのか。その所在を明らかにすることは難しい。本人は教団によって巧妙に騙されたのであり、金を出したのはマインドコントロールのせいだと主張する。しかし、教団の側にどれだけ強制力があるのか、その判断は容易ではない。信者の側が勝手に入れあげ、多額の金を費やしたのだとも言えるからである。

すでに述べたように、贔屓するということは、基本的に贔屓する側の片思いである。贔屓される側は、それをコントロールすることはできない。贔屓する側は、勝手に自分の願望をふくらませ、それを対象に投影する。そうした願望には果てがなく、どこまでもふくらんでいく。熱狂を経験すれば、その傾向はさらに強くなる。

終末予言と芸能人の引退

宗教が信者を増やす上でもっとも有効な手段は世の終わりが近づいているという予言を行うことである。これは、「終末予言」と呼ばれる。この世界は堕落しており、すぐにでも神によって鉄槌が下され、滅びていく。そこから救われたいなら、信仰を持ち、教団に結集するしかない。こうした終末予言は、古代から現代まで幾度となくくり返されてきた。

終末予言が有効に働くのは、世の終わりという期限、デッドエンドが設定されるからである。それによって切迫感は強まっていく。いつか分からないが世の終わりが来ると主張することと、今すぐにでもそれが起こると主張することではインパクトは桁違いである。

そこには異常なほどの熱狂が生まれる。

しかし、終末予言はことごとく外れてきた。もしそれが当たっていたら、今の世界はないはずである。終末予言を行うことは、必ず予言が外れたときのことを覚悟しなければならないということである。

キリスト教に代表されるが、終末予言が外れたからといって、それでその宗教が信用を失い、教団が消滅してしまうわけではない。その危機を生き延びた宗教はいくらでもある。そのメカニズムについての社会学的な研究もある（L・フェスティンガーほか『予言がはずれるとき――この世の破滅を予知した現代のある集団を解明する』水野博介訳、勁草《けいそう》書房）。

終末が近づいているという予言にひかれて教団に集まった人間たちは、そのときは熱狂する。しかし、予言が外れると、失望は大きく、教団をやめていくことにもなるし、すでにふれたように批判者にもなっていく。

ところが、教団の側は、予言が外れた理由を見つけ、それで危機を乗り越えようとする。皆の信仰が強いからそれが神に通じ、終末は避けられたなどという理屈をつけるのだ。

そうしたことは、一般の贔屓にも起こる。

『推し、燃ゆ』では、推しは女性を殴り、それがスキャンダルになった。ただ、それで主人公は推しを否定したり、批判したりするようになったわけではない。解散コンサートにも行っており、最後まで推し続けている。

しかし、推しが芸能界を引退してしまったことで、主人公のこころのなかには空白が生まれた。最後、主人公は、引退した推しが住んでいる場所へ向かい、推しが女性と暮らしていることを確認する。確認しただけで、主人公はそれ以上何もしないのだが、結末が違うものになっていたとしても不思議ではない。推しに裏切られたと感じ、女性との暮らしを壊そうとしたという結末の方が、物語の展開としてはかえって自然かもしれない。

贔屓は、するもされるも実は命懸け

アイドルの場合、恋愛が事実上禁止されている。まして結婚ともなれば、それはタブーである。そのため、たとえ付き合っている相手がいても、それを隠そうとするが、メディアはそれを放ってはおかない。となると、恋愛や結婚が発覚し、それがスキャンダルになる。

それは、ファンのあいだに強い反発を生むことになりやすい。ファンが、アイドルの恋愛や結婚を歓迎することはほとんどない。それを契機に、ファンがアンチになってしまうことだってある。やはり裏切られたと感じるからだ。人間はそれなりの年齢になれば、恋愛もするし、結婚して家庭をもうけようとする。子どもだって欲しいと感じる。それは自然なことだが、アイドルにはそれが許されないのだ。

第3章でもふれたように、贔屓する側が対象を独占することはできない。独占してしまえば、贔屓される側はその価値を失ってしまうからである。

しかし、贔屓する側には独占欲が存在している。恋愛や結婚は、そうした独占欲に対する最大の脅威である。自分では独占できないのに、誰か他の人間が独占していることが許せなくなるのだ。それが、傷害やストーカーの事件に発展していくこともある。

第3章でふれた歌舞伎の「籠釣瓶花街酔醒」などは、そうした例になるものだが、この作品は享保年間（1716〜1736年）に起こった実際の事件をもとにしている。この事件は、佐野次郎左衛門という男が、吉原で全盛《ぜんせい》を誇っていた花魁の八ツ橋を、別れ話が原因で殺してしまったものである。

歌舞伎には、同じような題材を扱ったものとして「八幡祭小望月賑《はちまんまつりよみやのにぎわい》」がある。こちらは、恋した深川芸者に裏切られた越後の縮緬《ちりめん》商人が、芸者などを殺害してしまうもので、やはり実際に起きた事件をもとにしている。

恋も、個人にとっては熱狂である。贔屓に対する恋に燃え上がったがゆえに、恨みも激しいものにならざるを得ない。

贔屓する側も、贔屓される側も、命懸けなのである。贔屓という行為が、双方の生活の重要な支えになっているがゆえに、そうした事態が起こる。

贔屓おそるべし。

第7章　常連と一見

一見を脱して常連になるには

常連ということばがある。

辞書によれば、常連とは、「常につれだって行動する仲間。常にその興行場・飲食店などにくる連中。常客。定連」のことをさすという。用例としては、「店の常連」があげられている（『広辞苑（第5版）』）。

今では、常連ということばが使われるとき、店の常連という意味がほとんどだろう。たしかに、地元の居酒屋などに行ってみると、そこには常連がつめかけている。スナックなどになれば、常連がほとんどを占めており、新しい客が来るとすれば、常連のつれに限られる。常連は、その店の贔屓ということになる。

店の側は、誰が常連であるかをはっきりと把握しており、常連の側も、自分がその店の常連であることを認識している。ターミナル駅ではない、住宅街の周辺にある店なら、常連をいかに確保できるかが店を長く続けられる絶対的な条件になっている。

常連については、「ご常連」という言い方もある。

BS・TBSの番組に「吉田《よしだ》類《るい》の酒場放浪記」がある。イラストレーターで作家の吉田が、このご常連ということばをよく使う。吉田は、番組のなかで、その店のご常連に挨拶し、乾杯をすることを習いとしている。

吉田が訪れる酒場は全国に及んでおり、彼はそれぞれの店をはじめて訪れている。常連の反対語が「一見《いちげん》」ということになるが、吉田は常に一見である。

一見ということばを辞書で引いてみると、二つの意味があげられている。

一つは、「初対面」の意味で、「もと、遊里で、その遊女に初めてあうこと。初会」と説明されている。

もう一つの意味は、「一見客の略」だとされ、一見客は、「初対面の客。初会の客」ということになる。

遊里での初会については、第3章で説明した。はじめて遊郭に出向き、遊女と接するのが初会で、二回目に裏を返し、三回登楼しなければ馴染にはなれないのだ。

一見にかんしては、「一見さんお断り」を方針に掲げている店がある。とくにそれは京都に多い。そうした店をはじめて訪れても、「すんませんなー、どなたかのご紹介がおまへんとー」と断られてしまうというのだ。

そうした店は、京都でも減ってきたと言われるが、舞妓のもてなしを受けられる花街では、一見さんお断りの風習が生きている。

なぜそんな面倒なやり方がとられているのだろうか。

理由としては、はじめての客だとその好みが分からず十分なもてなしができないこと、常連に迷惑をかけることなどがあげられるが、花街ではそこで遊興した代金は後日清算されるため、信用のある客でないと受け入れられないということがもっとも重要である。

そもそも、一見さんお断りの店は、何がそこで提供されるか、外にメニューなどはいっさい貼り出されておらず、入ること自体のハードルが高い。よほどの金持ちでなければ、一見客として入ってみようとは思わないだろう。

ではどうやって、一見から脱することができるのか。

それは、断りの文句が示しているように、その店の常連の紹介がすべてである。たんに紹介されるだけではなく、常連に伴われて一度その店を訪れ、そこで店の側に認識してもらった上で、次には自分でそこを訪れるのだ。

なぜ客は常連になろうとするのか

私は一度、そのプロセスを体験したことがある。

たまたまテレビの番組で、すでに知り合いの京都出身の人物と共演したことがあった。番組の収録が終わった後、京都にある菩提寺《ぼだいじ》に用事があるというので、私も同行させてもらった。

用事が済むと、その人物は、私を祇園にあるバーに誘った。古くからのバーで、昔はかなり立派な洋食屋だった店だ。入口には、「会員制」と記されていた。要するにこれは、一見さんお断りという意味である。

私はその人物とそこで酒を飲み、店で大切に保管されてきたであろう、もうラベルも剥がれているような古いウィスキーも振る舞われた。これで、私はその店の一見から脱したことになる。私を連れていってくれた人物と店の主人とのあいだで、そうしたやり取りもなされていた。

残念ながら、その後、その店を訪れる機会を得ていないのだが、私はその店の会員になっているはずである。別に入会金を支払うわけではなく、紹介が会員になれる唯一の条件なのである。

現代では、こうした紹介は特別なことと見なされている。花街はともかく、一般の店に行くのに、常連の紹介が必ず要るというのは面倒だ。そんなことなら、一見でも歓迎してくれる普通の店に行く。そのように考える人が多数派だろう。

しかし、京都で飲食を提供する店では、とくに京料理を中心とした店では、客が支払いを終え、店の外に出ると、その店の主人が、たとえ一見であっても、外に出てきて、来店してくれた礼をするのが当たり前に行われている。それは、東京にある京料理の店でも共通する。こうしたもてなしが、一見さんお断りの裏側にある。京都をはじめて訪れた観光客なら、それだけでも大いに感激するだろう。

ではなぜ、客の側は常連になろうとするのだろうか。あるいは、常連であろうとするのだろうか。

欧米の社会では、酒を飲むというときには、ほとんどの場合酒だけを飲み、つまみになるようなものを食べたりはしない。食べるとすればレストランで、バーでは酒だけが提供される。

著名人が集まるホームパーティーの場面が、とくにアメリカの映画によく登場するが、その際にも、パーティーに集まった客は飲むことと会話に専念し、主催者は食べ物を提供しても、ディップ類などごく簡単なものである。そもそも欧米には、日本の居酒屋に相当する大いに食べながら飲む店はない。

居酒屋だと、メニューは限られている。店の側は、バリエーションを持たせようと努力をしているが、日をおかず訪れたなら、メニューには同じものが並んでいる。ならば、別の店を訪れた方がいいということになるが、毎日のように、その店を訪れる常連も少なくない。

贔屓の店を訪れれば、そこには、店の人間だけではなく、顔見知りの常連たちがいる。知り合いと会える確率が高い。そうであれば、一人で店に行き、黙々と飲み続けるだけには終わらない。会話を楽しむことができるし、常連が連れてきた人間と新たに知り合いになることもできる。さらには、地域の情報も自然と得ることができる。その点では、贔屓の店は、第二の家庭、あるいは家庭の延長にあるものである。

贔屓の店ではない新しい店を開拓することも人にとっては楽しみの一つである。だがそこで、満足できる飲食が提供されるという保証はない。居心地が良いかどうかも、行ってみなければ分からない。

「特別サービス」「裏メニュー」という優越感

十分な資金力があれば、あるいは、昔の社用族であれば、都心にある一流の店を贔屓にすることもできる。しかしそれは、一般の人間には難しい。規模の大きな店になれば、同じ人間が接待してくれるわけではなく、馴染になることもできない。常連が大半を占める店は、自ずと規模が小さくなる。

何より重要なのは、常連の店ではくつろげるということである。さらには、常連だけの特別なサービスがあったり、裏メニューが用意されていたりする。それは、常連としてのささやかな優越感を生むことにつながる。

繁華街に出かければ、店の種類や数は多く、また、美味しいものを提供してくれる店も少なくない。そうした店を探しあてることができれば、その店をふたたび訪れることもある。だが、二、三度訪れはしたものの、その後足が遠のくという店が少なくない。そうした店の常連になることは少なく、どうしても関係は長続きしないのだ。

常連となれる贔屓の店は、やはり地元にある店になる。あるいは職場の近くということになる。そこに行けば、自分のことをすぐに認識してもらえる。そして、他の常連とのたわいのない会話が心地よかったりするのである。

村社会においてなら、地元の人間のことは、誰もが知っている。情報はすぐに伝わる。はじめて訪れた人間がいれば、たちどころによそ者だと分かり、ときには警戒される。

以前、取材で九州の小さな島を訪れたことがあった。編集者と二人連れで、ちょうど昼食の時間だったので、近くの店に入り、食事をした。もちろん、まったく知らないはじめての店である。その島を訪れること自体、はじめてのことだった。

店にいるあいだ、店の人は私たちの会話を聞いていたのだろう。清算を済ませた後、「最初は税務署の方かと思いました」と告白された。東京からやってきた私たちは、その島の人には、警戒すべき存在と映ったのだ。

都会なら、そうしたことは起こり得ない。街を行き交う人の数は多く、繁華街にある店なら、知らない客ばかりが訪れる。

客の側も、繁華街では店があまりに多いため、どの店に入ったらいいかが分からない。今では、ネット上にさまざまな情報があふれているが、果たしてそれらの情報がどれほど信頼に値するものなのか、その点がよく分からないのだ。

情報をいっさい持たないまま、繁華街で飲食の店を探そうとすると、結構苦労する。私も一度、青山でそんな経験があった。その地域にある店は、場所柄、そんなに安くはない。いい店を見つけられるならいいが、まったく知らないそこその店に大枚をはたくのはひどくもったいない。そんな気がして、結局、私は安いチェーン店に入ることにした。そこなら、値段は分かっているし、そもそも額はそれほどかからないからだ。

選択肢は欲しいが、たくさんは要らない

選択肢が多いということは、かえって選ぶことを難しくする。それについては、有名なジャムの実験がある。これは、視力をほとんど失う経験をしている心理学者のシーナ・アイエンガーが行ったものである。

アイエンガーのコロンビア大学での授業は、NHKでも放送されたが、彼女は、スーパーの試食コーナーに、24種類のジャムを並べたときと、6種類のジャムを並べた場合について比較した。

24種類のジャムが並んでいると、もの珍しさから多くの人が集まってくる。しかし、そのなかで実際にジャムを購入したのはわずか3パーセントだった。

それに対して、6種類のジャムを並べた場合には、購入した割合は、その10倍の30パーセントに達した。

選択肢が多いということは、必ずしも多くのモノが売れることには結びつかず、選択肢が多いと、かえって人は選択ができないというのである（この実験については、中野信子《なかののぶこ》『シャーデンフロイデ―他人を引きずり下ろす快感』幻冬舎新書を参照）。

たくさんの選択肢は要らない。人が常連になるのは、そうした心理が働いているからでもある。贔屓の店が決まっているということは安心感に結びつく。

旅行に出かけた折、旅行先で十分に楽しんだとしても、地元に帰ってくると、ホッとした気持ちになる。自分がなれ親しんだ場所は、安心感を与えてくれる。その際に、贔屓の店があるということは、その気持ちを強めることになる。

贔屓の店で払う金も、はじめて入った店で払う金も、額としては同じかもしれない。しかし、贔屓の店で支払いをするなら、それが誰の利益に結びつくかがはっきりしている。無駄に金を遣っているという感覚は生まれない。贔屓の店でくつろぐことができるなら、その店で消費することは、店の経営を支え、自分にとって心地よい場所を確保することにも結びつくのである。

地方から都会に出てきて、そこに定着することは、簡単ではないし、それにはかなりの時間が必要である。

結婚して子どもができ、子どもが保育園や幼稚園、小学校に通うようになると、親同士の関係が生まれる。いわゆる「ママ友」であり、「パパ友」である。それは、親が地域に溶け込んでいくきっかけを与えてくれる。

しかし、独身であれば、そういう機会は持てない。前の章で見たように高度経済成長の時代に多くの人間が入信したのも、地域に人間関係を広めるためだった。

新宗教以外にも、新参者を都会に定着させるきっかけとなったのが、その都市に本拠をおくプロ野球の球団の贔屓になることだった。戦後、プロ野球の人気が高まっていたのも、それが関係している。東京でジャイアンツのファンになれば、あるいは関西地方でタイガースのファンになれば、たちどころに仲間を見出すことができた。野球の試合のテレビ中継が行われている店なら、同じファン同士すぐに打ち解け、盛り上がることができた。そこにも、贔屓の効用を見ることができる。

日本独特の「おまかせ」文化

贔屓の店は、飲食には限られない。衣服を購入するという場合にも、贔屓の店があるかどうかは重要である。贔屓の店が決まっていれば、何よりたくさんある店のなかから選択に迷うということはなくなるからである。

衣服であれば、都会にはそれを販売している店が膨大な数存在している。ウィンドウ・ショッピングをしてみれば、さまざまなデザインの服に出会い、その選択に迷う。あまりに種類がありすぎて、結局買わないまま帰ってしまうということもある。まさにジャムの実験が示している通りである。

衣服の場合には、それが自分に似合うのかどうかということが、どうしても気になる。選択肢が多く、そのなかから一着を選んでしまうと、もっと別のものを買った方が自分に似合ったのではないかという疑問がどうしても頭をもたげてくる。買う前にも迷い、買った後にも迷うのだ。

その点、決まった贔屓の店で買うとなると、そうした問題は生じなくなる可能性が高い。

一つの店に絞れば、選択肢は大幅に減る。無数のジャムから選ぶ必要がなくなり、数は選びやすい量に制限される。

贔屓の店であるということは、その店で売っているものが気に入っているということでもあり、その点で選びやすい。さらに、この店で選んだものだから大丈夫だという安心感も得ることができる。

贔屓の店で買うという場合、店員にも馴染の人間がいて、服を選ぶ際に店員が相談に乗ってくれる。つまり、自分に似合うかどうかを他人が判断してくれるのだ。一見だと、店員は何でも似合うと言い、なんとか売ろうとするかもしれない。だが、贔屓の店なら、店員は似合わないものを勧めない。本人がいいと思っていても、「ダメだ」と売ってもらえないことだってある。店員がこころから薦められるものでなければ売らない。贔屓になれるのは、そうした店である。

しかも、贔屓になって頻繁に買いに来てくれる客に対して、店の側が、客が好むであろう服をみつくろって用意してくれることもある。「お客さんに似合うと思って、仕入れておいたんですよ」と言われれば、客の側も、自分が特別待遇されているようで悪い気持ちはしない。もちろん、気に入らなければ買う必要はないのだが、その際に理由をはっきりと言えば、店も納得する。次には、より似合う品を用意してくれるだろう。

これは、昔の呉服屋がやっていた商売の仕方で、店と贔屓の客が密接な関係を持つようになれば、その方向に向かう。そして、割引もしてくれるようになる。呉服などは高価だが、ついている値札はあってないようなものである。客によって値段が変わる。今では不公平だと思われるかもしれないが、それが昔の呉服屋の商売の仕方だった。

そこには、日本に独特な「おまかせ」の文化がかかわっている。

寿司屋などで、おまかせで頼むと、職人がその日一番美味しいと思われるものをみつくろって握ってくれるのだ。懐石でも、フランス料理のフルコースでも、メニューは基本的におまかせである。フルコースだと、オードブルやメインディッシュを選べたりもするが、たいがい選択肢は限られている。

おまかせ自体が、すでに一つのメニューにもなっている。だが本来は、店の側が客の好みを理解していなければ成り立たない。仕入れたネタと、客の好みを勘案し、どういったものを、どういった順に出していけば、客をもっとも喜ばせることができるのか。職人の腕はそこで試される。一見に対してであれば、それが難しい。

私の贔屓は、どこか安心なソニーの製品

贔屓の対象としては、店だけではなく、モノということも考えられる。

ここにも、選択の問題がかかわってくる。特定のモノについて、あまりに選択肢が多ければ、迷い、どれを選ぶか、決めるのがどうしても難しくなる。

そこで、特定のメーカーの製品が贔屓の対象になることもある。

自分の例で考えてみると、ソニーの製品などは、私の贔屓になっている。

私の子ども時代ということにもなるが、かつてのソニーは、素敵なラジオを製造、販売する憧れのメーカーだった。実際、ソニーのトランジスターラジオを購入したこともある。中学から高校の時代、そのラジオで、ポピュラー音楽やフォークソング、ジャズを聴いていた。

最近でも、コンピュータをソニーのブランド、VAIOに決めていた時期がある。VAIOは一時生産を止めてしまうが、その後復活した。けれども、一体型のデスクトップを販売しなくなったので、私は最近コンピュータを買い換えた際に、他のメーカーに変えたが、VAIOがあるなら、迷わずその新製品を買っただろう。

スマートフォンになると、ここのところ、やはりソニーのエクスペリアにしている。特別な機能にひかれたというわけではないのだが、なぜかエクスペリアを選んでしまう。

十数年前にネットワーク・オーディオをはじめようとしたときにも、ソニーのハードディスクのついたプレイヤーを買おうかどうかで迷ったことがある。その前に、ソニー製ではないが、ソニーの開発したS-Master PROを搭載した、ソニーの元技術者が作ったデジタル・アンプを購入していた。このアンプは、200台しか生産されなかったのだが、同時に2台使っていた時期もある。

今では、ソニーの製品が圧倒的に優れているとも思わないし、憧れがあるわけではない。けれども、他のメーカーの製品を買うより、どこか安心感が得られる。私はソニーを贔屓にしているわけだ。

第1章で、女優の高峰秀子の『私のごひいき―95の小さな愛用品たち』という本にふれた。この本で、彼女のご贔屓の愛用品とされているのは文房具や台所用品で、ほとんどが5000円以下の商品である。贔屓の品を日常の暮らしのなかで用いることによって暮らしが豊かになっていく。彼女にはそうした感覚があったのだろう。それは、多くの人たちのなかにもあるものである。

贔屓が高じたものが「数寄《すき》」である。数寄は、風流の道、とくに茶の湯を愛好することを意味する。数寄は、もともとは歌道における風流を意味していたが、茶の湯が流行すると、歌数寄に対抗する形で、茶の湯を趣味とする茶数寄が生まれた。そうした茶の湯の世界で愛好されるのが各種の茶道具である。

茶会において、どういった茶道具を用いるかに、茶人の趣味、趣向が示される。高い評価を得た茶道具は高値で売買された。また、武士のあいだでは、褒美として与えられたりもした。

贔屓する／される上下関係の表と裏

贔屓に関連して、「御用達《ごようたし》」ということがある。

御用達とは、江戸時代に生まれたことばで、幕府や大名、公家、社寺などにとくに出入りし、商売することができる御用商人のことをさす。

それが、明治時代になると、「宮内省御用達」の制度が作られた。これは、宮内省（現在の宮内庁）が選定した業者のことで、皇室に商品を納入することを許された。戦後の1954年に、この制度は廃止になるが、現在でも宮内庁御用達をうたっている店や商品がある。皇室愛顧、皇室贔屓のモノということで、特別なステイタスを獲得している。

皇室に限らず、贔屓にしている、あるいは推しとなる人物の愛用品であれば、ファンは、そうしたモノに憧れ、それを愛用品にする。あるいは、そうしたいと望む。同じモノでも、愛用する人間が変わることで、その価値も変わってくるのだ。

重要なのは、贔屓にするという行為が特権的なものだということである。誰を贔屓にするか、どの程度贔屓するかは、贔屓する側の考えで決まる。贔屓にするということは、その対象にある特定の人物を贔屓にする場合、選択権は贔屓する側にある。贔屓にするということは、その対象に金銭を費やすということであり、主導権はあくまで贔屓する側にある。それは、対象が店やモノであっても同じである。

要は、贔屓する側が、贔屓される側よりも優位な立場にあるということである。店で考えれば、客の方が、その店を選ぶわけで、店よりも優位な立場になる。とくに日本の社会では、「お客さまは神様です」（三波春夫）という感覚があり、店の側は客を大切に扱う。そこで客の方は、自分が贔屓にしている店では多少の我が儘が許されるとさえ考えている。そこに、甘えを見ることもできる。

贔屓する側が絶対的に優位であるとするなら、贔屓される側の価値は下がる。それでは、贔屓することにも価値がなくなってしまう。贔屓する側が上位にあって、贔屓される側がその意向に全面的に従うというのであれば、関係はあまりにあからさまであり、贔屓するという行為は、たんなる権力の行使に終わってしまう。

ところが、贔屓する／されるの関係をおいておくとするなら、実際に勝っているのは贔屓される側である。第2章で取り上げた歌舞伎で考えれば、それは一目瞭然である。贔屓される役者には演技者としての高い技量がある。ところが、贔屓する側の観客にはそれに匹敵するだけの技量はない。観客のなかには、舞台上での演技を評価する高い鑑識眼が備わっている人もいるかもしれない。鑑識眼を高めるには、多くの舞台に接している必要があるし、演目や役者についての知識も欠かせない。

だが、役者の努力に比べれば、大したものではない。何しろ役者は歌舞伎の家に生まれれば、幼少期から稽古を続けている。少なくとも鑑識眼の高さを披瀝しても、拍手喝采されるわけではない。

贔屓されるのは、それに値するものを持っているからで、基本的に、贔屓する側にはその能力が欠けている。廓の花魁であれば、抜きん出て美しいわけだが、その花魁の馴染となる客がそれに見合う端整な顔立ちをしているかと言えば、そうとは限らない。架空の人物ではあるが、「籠釣瓶花街酔醒」の主人公、次郎左衛門の例もある。花魁を贔屓とする客に求められるのは、馴染になれるだけの財力と、その関係を維持するために多くを費やす気前の良さである。

価値のあるものを、金の力によって自由にする。廓はもちろんそうだが、第5章で取り上げたアイドルグループ、AKB48のファンも、金にあかせて大量のCDを買い、選抜総選挙で何票も推しメンに投票する。投票してもらったメンバーの側は、握手会などで、そのファンに感謝する。もちろん、メンバーとしては多くの票が得られ、それによってセンターの位置を確保できるわけだから、嬉しいには違いない。だが、ファンを丁重に扱わなければならないという圧力のもとでのふるまいであるのは間違いない。

贔屓の微妙なバランス関係

贔屓する側は、贔屓される対象の価値を高める目的で多くの金を費やし、また、そのために多くの労力をかける。かければかけるほど、自分の力が大きく働いていると感じるようになる。自分が懸命に見守ってきたから、贔屓される側は成功をおさめたのだと、そのように考える。

たしかに、贔屓がいなければ、人気は高まらない。贔屓が熱を入れることで、対象となった人間の、あるいはモノの価値は高まる。しかし、贔屓する側が多くを費やしたことで、その人物だけがあまりにも目立つようになれば、そして、贔屓される側の行動に干渉するようにでもなれば、他の贔屓はそれをこころよく思わないようにもなっていく。

アイドルの場合には、ファンが熱狂し、舞台などに殺到して問題を起こすようなこともある。ビートルズが世界的に人気を博したときには、そうしたことが起こった。若い女性たちは、あまりの興奮に失神してしまうようなこともあった。同じ時代、日本では、グループサウンズのファンのあいだで、同じような現象が起こった。

宝塚歌劇団でも、出待ちするファンがトップスターのもとに殺到し、スターの他のファンが危険に曝されるようなことも起こった。だからこそ私設のファンクラブが生まれ、出待ちのやり方に一定のルールが定められるようになり、過度の熱狂をコントロールできるようになった。熱狂が、ファンクラブのなかで序列を高めていくという方向に向かう仕組みが確立されたのだ。

このように、贔屓という行為は微妙なバランスの上に成り立っている。贔屓する側と贔屓される側の、さまざまな形での力関係がそこにかかわってくる。その際に、力関係があからさまになるということは嫌われる。全体の構造が白日の下に曝されるとしたら、その現実に接して、人は白けてしまうかもしれないからだ。

その点については、すでに第３章の後半において廓を例に考えた。

廓に関連して、「全盛」ということばがある。これは、もっとも人気があり、多くの客がついている花魁のことをさす。遊客の究極の目的は、全盛の花魁と性的な関係を結ぶことにあるわけだが、そのことがあからさまになるのは野暮であり、いきではないと考えられる。そのために、遊郭は非日常の空間に仕立て上げられ、客に途方もない夢を見させる場になっているわけである。

「廓遊び」ということばもある。それは、廓で遊ぶことや、廓特有の遊びを意味しているが、そもそも廓全体が遊びの空間として作り上げられている。廓のなかでは、すべてが遊びであり、客もまた、遊びをもり立てる役割を担っている。

贔屓とスキャンダル

そうした夢の世界としての廓を演出する上で、歌舞伎も貢献してきた。

近松門左衛門の作品を書き替えた「廓文章吉田屋《くるわぶんしょうよしだや》」というものがある。吉田屋は架空の置屋で、そこを訪れる伊左衛門《いざえもん》は、もとは大店《おおだな》の若旦那だが、廓通いが過ぎて、勘当《かんどう》になってしまったという設定である。

したがって、伊左衛門が身にまとっているのは、紙を継ぎ合わせた紙衣《かみこ》である。あまりに落ちぶれた姿をしているため、吉田屋の番頭から追い返されてしまう。ところが、吉田屋の主人夫婦が伊左衛門を座敷に通してくれる。そこに、馴染の太夫、夕霧《ゆうぎり》がやってくる。夕霧は、伊左衛門が来なくなったため、床に伏せりがちになっていた。

伊左衛門は勘当の身で、紙衣を身にまとっているわけだから、金など持っていない。廓で遊べるような状態にはないわけである。それでも、座敷にあがり、贔屓の夕霧に会えたのは、主人夫婦の厚意ということになるが、普通はこんなことはあり得ない。番頭が追い出そうとしたのも当然である。

ところが結末はハッピーエンドである。なぜか伊左衛門のもとには勘当を許されたという知らせが届き、千両箱がいくつも運ばれてくる。それによって夕霧の身請けがかなうのである。

現実にはあり得ない廓の世界にふさわしい夢物語である。観客も、そんな形でうまくいくはずはないと思いつつ、自分もそんな境遇に与《あずか》りたいと一瞬の夢を見る。そこには、理想化された廓の世界がある。

贔屓の店に行くことも、贔屓のモノを買うことも夢を見ることにつながる。

居酒屋に行こうと決まれば、常連に会えるだろうという期待が高まる。もしそこに常連が一人もいなかったとしたら、期待は満たされず、落胆する。

贔屓の店で買い物をしようと出かけても、気に入るものがないこともある。来るまでは、買い物ができる楽しみにこころが弾んでいても、それは一気にしぼんでしまう。贔屓のメーカーが出す期待の新製品が、それほど革新的なものではなく、デザインもいまいちということになれば、やはり落胆は大きい。

贔屓する側にとって、自分の見ている夢がもっとも激しく乱されるのは、対象がスキャンダルに見舞われたときである。とくに、対象が人間であれば、そうしたことは起こりやすい。多くの贔屓を引きつける存在であれば、それだけスキャンダルが暴かれることの価値は大きく、それを狙っている人間も少なくないからである。

私の妹の夫はトルコから20年ほど前に来日したトルコ人である。少し前までは、レストランを経営していたが、それと並行して宝石の販売を行っていたこともあった。ショップチャンネルで、自分の番組をやっていたこともある。

その番組では、宝石のデザイナーと称していたが、紹介される経歴は、かなり怪しげなものだった。

義弟がレストランをはじめたとき、そこを訪れたことを、私はブログなどに書いた。ところが、妹からは、そうなると義弟が独身でないことがばれてしまうので、削除してくれと求められた。商売に結びつくことなので、要求を拒否するわけにもいかなかったが、なるほど宝石販売の世界とはそういうものかと納得した。宝石を売るということは、夢を売ることなのである。宝石を買ってくれる義弟の贔屓がどういうことを考えているのかは分からないが、異国から来た独身のイケメンだからこそ、宝石は売れたのである。

義弟の贔屓となった客は、宝石の価値も見定めてはいるだろう。だが、それを誰から買ったかが、宝石の価値にもっとも影響する。義弟が一般の日本人で、しかも結婚していたとしたら、宝石は見向きもされないのだ。

贔屓ということについて考えていくと、人間のこころの不思議さを考えなければならなくなってくる。

結局のところ、贔屓ということで一番問題になる依怙贔屓という現象も、そうした人間のこころの働きに深く根差しているのである。

第8章　依怙贔屓の正体

贔屓とは日本独特のものか世界普遍的な事象か

ここまで見てきたように、贔屓という事象は、私たちの生活のなかで相当に重要な意味を持っている。

贔屓ということばの指し示す意味の領域も幅が広い。人やモノなど何らかの対象を贔屓にするというときにも、選ばれるものの種類は多様で、多くの人が贔屓にするものもあれば、ごく少数の人間だけが贔屓にしているものもある。

自分だけが贔屓にしている。実際にはそんなことはないのだろうが、そんな意識を持っている人もいる。自分だけが贔屓をしていることに、あるいは、ものの道理の分かったごく少数の者だけが贔屓にしているのだと考え、そこに誇りを感じる人間も少なくない。

何かを贔屓にするということは、その人に喜びを与える。それだけではなく、人生に意味を与え、さらには、安心感にも結びつく。贔屓のものに囲まれていれば、それだけで幸せを感じることもできるのだ。

もちろん、何かのファンだという人間は、世界中どこにもいる。ファンは、その対象とともに生きていて、そこに喜びを見出している。芸能人、俳優や歌手のファンであれば、あるいは、サッカー・チームのファンであれば、ファンとしての活動に生活の多くを捧げ、また熱狂的にそこにかかわっていく。ファンを贔屓としてとらえるならば、贔屓は世界に普遍的な現象であるということになる。

しかし日本には、ファンとしての贔屓が存在しているだけではなく、贔屓にまつわる文化が成立している。

第1章ですでに述べたように、売春は人類社会に普遍的なもので、特定の売春婦と継続的な関係を持つ人間もいる。けれども、日本の廓のように、遊女とそれを贔屓にした馴染の客とがくり広げる遊興の世界の存在は日本に特有である。

さらに、日本語の贔屓は、第4章で取り上げた判官贔屓のように、追い落とされ、流浪の身におかれた英雄に対する同情を生むことにつながった。

第4章で見たように、判官贔屓をどのようにとらえるかでは見解が分かれる。歴史的にも、時代によってその意味は変わってきた。一方では、弱者に共感する日本人特有の美徳と評価されることもあるが、その根底にマゾヒズムや甘えがあるとして、むしろ日本人の弱さととらえられることもある。

少なくとも、判官贔屓が示しているのは、贔屓するということの背後には複雑な心理が働いており、場合によってはそこに日本社会の抱える問題が露呈しているということである。

さらに、贔屓に関連するものとしては、依怙贔屓、贔屓目、身贔屓、贔屓の引き倒しといった、本書ではまだ論じていない、さまざまな問題を抱えこんでいることが予想されることばも存在している。

贔屓するものが贔屓目に見るのは当たり前

第2章で見たように、夏目漱石の『坊っちゃん』では、その最初の部分で、依怙贔屓や贔屓目が登場した。とくに贔屓の問題を考える上で、依怙贔屓はもっとも重要な現象である。したがって、これについては深く考えを進めていかなければならない。

依怙贔屓について考える前に、ここではまず贔屓目などについてふれておきたい。

贔屓目については、第1章でも、その注目点についてふれた。贔屓目とは、たんに「ひいきにする方から見た好意的な見方」ではない。辞書にはそのように説明されていることが多いが、贔屓目ということばを使うのは贔屓している本人であり、贔屓していることをはっきりと自覚しているのだ。

『坊っちゃん』では、主人公である坊っちゃんが、自分のことをことさらに贔屓する下女の清について、「贔負目は恐ろしいものだ」と評するところが出てくる。これは、贔屓されている坊っちゃんが、清の過度の贔屓について評価したものであり、自分はそんなに贔屓するだけの価値はないという認識から出たものである。ここで贔屓目に見ているのは清であって、坊っちゃん本人ではない。

しかし、贔屓目ということばは、贔屓をしている人間自身が使うこともある。たとえば、宮本百合子《みやもとゆりこ》の小説「加護」には、亡くなった誠之《まさゆき》の母親が、「誠之だって、私の眼から見れば人並よりは何か違ったよいものを持って生れていたと思われます、それは勿論親の贔屓目かも知れませんわ。けれどもたとい贔屓目にしろ」と述べる箇所がある。

母親である以上、息子に他の人間にはない長所があると考えたいわけだが、それがあくまで母親としての偏った見方であることを、本人は自覚している。贔屓目が、こうした使われ方をすることは多い。

自分の身内をことさら高く評価すれば、その話を聞く側は、評価が客観的なものではなく、主観的なものであり、そこに偏りがあるように感じる。

そうしたことは、身内のことを自慢している側にも十分に分かっている。分かってはいても、その気持ちを外に向かって表現せざるを得ない。さらには、身内の評価なので差し引いてもらってもかまわないが、そのなかに幾分かの真実が含まれていることだけは認めてほしい。そこには、身内の価値をなんとか世間に理解してもらいたいという切実な気持ちがこめられている。

身内を褒め上げれば、それは身内だからこその評価だと相手には受け取られてしまう。贔屓目だと断りを入れることは、それを予め想定し、なおも身内を褒め上げているわけである。そうなると、それに重ねて身内の評価だから当てにはならないと批判することが難しくなる。これは、頼みごとをするときには一つの有効な戦略になり得る。

誰かが誰かを、あるいは誰かが何かを贔屓にすることを、他の人間が止めさせることは難しい。贔屓はこころの問題だからでもあるが、多くの人が何らかの贔屓を持ち、自分のなかにも贔屓したいという思いがあるからである。

その点で、贔屓が、その対象を高く評価し、褒めるのも当たり前のことだと考えられている。したがって、贔屓目に見ることは、贔屓なら当たり前だと見なされているのだ。

「ひいき」と「甘え」と「いき」

贔屓の引き倒しという言い方も、こうした贔屓目と同じような形で用いられることがある。

贔屓の引き倒しは、「ひいきすることによって、かえってその人を不利に導くこと」を意味する。たとえば、柳宗悦《やなぎむねよし》の「小鹿田窯《おんたよう》への懸念」という短い文章のなかでは、「讃美者よりも、実は贔屓の引き倒しの方に害がかえって多く」といった形で使われている。漱石の『三四郎』でも、「いくら日本のためを思ったたって贔屓の引き倒しになるばかりだ」という言い方が出てくる。

これらは、あまりに贔屓した見方をすることが、かえって逆効果になることを戒めたものだが、「贔屓の引き倒しになるかもしれないが、やはり日本は素晴らしい」と言った場合には、贔屓目と同じような使い方がされている。この場合にも、このように言い張る側は、自分が偏った見方をしていることを自覚している。その自覚はあるが、対象があまりに素晴らしいので褒め上げるしかないというわけなのである。

贔屓目や贔屓の引き倒しという言い方をする側は居直っている。「贔屓なのだから、見方が偏っているのは当たり前ではないか。けれども、贔屓してしまう側の気持ちも分かってくれ。矢でも鉄砲でも持ってこい」といった心境なのである。

土居健郎なら、こうしたことばの使い方に甘えの心理が働いていると見るだろう。「贔屓なのだから、そうした見方をするのはいたしかたない」と、相手に甘えているというわけである。

九鬼周造は、『「いき」の構造』のなかで、「私は野暮です」という言い方を例にあげ、そのときには、「多くの場合に野暮であることに対する自負が裏面に言表されている」と指摘している。九鬼は、「異性的特殊性の公共圏内」と、かなり難解で哲学的な物言いをしているが、かたぎの自分は廓など男女が深く馴染みあう場所には不案内であり、むしろ洗練の域には達していないことへの「誇りが主張されている」というのである。

廓は遊びを好む人間にとっては夢の世界だが、真面目に仕事に励んでいる人間からすれば、「悪所場《あくしょば》」（廣末保なら「悪場所」）にほかならない。悪所場は、もともとは歩くことが困難な場所を意味したが、江戸時代になると遊里や芝居町をさすようになった。一旦悪所場に染まってしまえば、そこから出ることができなくなるというわけである。

贔屓目と同じ意味で使われることばに、「身贔屓」がある。泉鏡花《いずみきょうか》の「開扉一妖帖《かいひいちょうちょう》」では、「お京さんの旦那だから、身贔屓をするんじゃあないけれど」という言い方が出てくる。太宰治《だざいおさむ》の『右大臣実朝《うだいじんさねとも》』でも、「俗な身贔屓すぎてお笑ひなさるかも知れませんが」とある。身贔屓を贔屓目に代えても意味は通る。

身贔屓の意味は、辞書では「自分に関係のある人を特にひいきすること」と説明され、身内贔屓や内輪贔屓と意味は変わらないとされている。これは当然、依怙贔屓にも通じていく。

身内贔屓の身内は、基本的には家族や親類を意味する。やくざの世界では、身内ということばが頻繁に用いられるが、それは同じ親分のもとにある子分のことをさす。やくざの場合、お互いに血がつながっているわけではなく、元は他人である。ところが、一度固めの盃を交わしたら、家族や親類同然、さらにはそれ以上に結びつきが強くなる。やくざでなくても、閉鎖性が強い組織では、同じ組織に属している人間が身内になる。内輪贔屓の内輪は、他人を交えないことを意味する。要は身内だけの世界をさしている。

身内贔屓という内集団バイアス

身内同士は、強い絆で結ばれており、利害を共有している。したがって、身内のためになる行動をしようとする。身内以外の人間よりも身内を大事にする。必ずそうするというわけではないが、そのような行動がとられることが多い。そこに身内贔屓が生じる原因がある。

こうした身内贔屓について、社会心理学の世界では、「内集団ひいき」としてとらえられている。内集団ひいきは、内集団バイアスとも呼ばれるが、英語では in-group favoritism もしくは、in-group bias と言う。内集団ひいきということばは熟さないが、その訳語ということなのだ。

たとえば、大石千歳《おおいしちとせ》・吉田富二雄《よしだふじお》の「黒い羊効果と内集団ひいき—理論的検討」(『筑波大学心理学研究』23、2001年)という論文では、「集団心理学では、内集団の成員をひいきし外集団の成員を差別する、内集団ひいき (ingroup favoritism) と呼ばれる現象が報告されてきた」と述べられている。

興味深いのは、そこで紹介されている実験である。その実験では、ささいな基準で被験者は仮の集団に分けられた。そして、自分の集団に属している人間と他の集団に属している人間に報酬を分配させる。その際に、属している集団のこと以外情報は与えられていない。それでも、同じ集団に属している人間に多くの報酬を与える。つまり、同じ集団であるというだけで、知らない人間を贔屓してしまうのである。

これはどういうことなのだろうか。

たとえば、学校のクラス分けで考えてみることにする。クラス分けは、基本的にランダムに行われる。成績が加味される場合でも、成績の良い順に異なるクラスに属するようになるので、選抜クラスをあえて作るのでなければ、成績の良い子どもだけが集められることにはならない。つまり、クラスの生徒は偶然集められただけで、生徒のあいだに共通性があるわけではない。

だが、同じクラスに属していれば、毎日同じ授業を受け、クラス単位で行動しており、次第に同じクラスに属しているという一体感を持つようになる。それは不思議なことではない。

さらに、運動会になれば、複数のクラスが赤組と白組に分けられて対抗関係におかれる。すると赤組の生徒は、クラスを超えて、さらには学年を超えて赤組の生徒全体を応援するようになる。そうした連帯感が、どういった集団の分け方をしても、自ずと生まれてくるというわけである。

たとえ偶然に作られた集団であっても、自分がそこに所属しているというだけで、その集団を、さらにはその集団が含まれるより大きな集団を贔屓する。それは、人間というものが、自分の味方になってくれる集団、つまりは身内を必要としているからでもある。

贔屓することで身内を作っていく。それは、やくざの社会をイメージすれば理解しやすい。目をかけてやることで、その相手を子分にし、手懐《てなず》け、自分の言うことをきかせる。やくざ社会で上に立つ者は、そうした形で自分の勢力を拡大していく。それは、やくざの社会に限らず、一般の社会でも見られることである。

そこで依怙贔屓という問題が浮上してくることになる。

贔屓と相性

依怙贔屓が問題になりやすい典型的な場面としては学校の教室がある。そこには、生徒がいて、生徒を指導する教師がいる。その教師が特定の生徒を依怙贔屓しているのではないかということが、よく問題にされる。

教師は一人であり、依怙贔屓される生徒もたいがいは一人である。教室には、ほかに依怙贔屓の対象になっていない生徒たちがいる。

教師が特定の生徒を依怙贔屓していると判断するのは、自分は依怙贔屓されていないと考える生徒たちの側である。あるいは、そうした生徒の保護者である親たちである。

ただ、生徒のなかにも、保護者のなかにも、その特定の生徒が依怙贔屓されているとは認識していない者もいる。それは、依怙贔屓されている生徒の成績が圧倒的に良く、教師がその生徒に目をかけるのも致し方ないことだと考えるからだ。あるいは、自分も目をかけられるように頑張ろうとして、依怙贔屓されている生徒のことを気にしないということもある。

教師の側にも、依怙贔屓しているつもりはなく、しっかりと勉強し、自分の言いつけをよく守る生徒を他の生徒の模範とさせるため、そのあり方を意図的に評価しているだけだという思いがあるのかもしれない。依怙贔屓の対象になっている生徒も、自分がちゃんと努力しているから教師も認めてくれているのであり、それは決して依怙贔屓ではないと考えている。

そうであれば、果たしてそれが依怙贔屓なのかどうか、判断は分かれる。

人には相性というものがある。

教師は自分が指導する生徒全般に対して公平な態度をとることが求められている。

だが、教師も人間であり、人間関係をうまく築きやすい生徒もいれば、それが難しい生徒もいる。そこには、さまざまな要因がかかわってくるが、どの生徒とも相性が良い教師は存在し得ない。そうなると、相性の良い生徒を自然と引き立ててしまうということが起こる。逆に、相性が悪い生徒とは意思疎通がうまくいかず、それが対立に発展することもある。

親子にだって相性はある。子どもが複数いる場合、子どもによって可愛いと思える度合いが異なってくることがある。それは親のあり方として問題なのかもしれないが、相性の悪さを克服することは容易でない。そこに子育ての難しさがあるが、それは教育の現場でも同じである。

教師の側からすれば、教室の生徒たちが皆、聞き分けの良い子どもたちで、自分の考えを正しく理解し、その上で好ましい行動をとってくれることを望む。けれども、そうした思いが満たされることは少ない。そうなると、どうしても特定の生徒に肩入れし、他の生徒からは依怙贔屓だと思われてしまうのだ。

依怙贔屓があると、その対象になっていない側にとっては、不利益を被っているという意識が生まれる。ところが、依怙贔屓されている人間が、それによって利益を得ているかと言えば、そうとも言えない。それによって周囲の嫉妬を買う可能性が出てくるからである。

菅原道真への贔屓と妬み、嫉み

これは今から1100年ほど前のことになるが、依怙贔屓されることによって、晩年、辛酸《しんさん》をなめた人物がいた。それが菅原道真である。道真は右大臣にまで昇進するものの、太宰府に左遷され、失意のうちにそこで亡くなってしまった。死後には祟り、それによって天神として祀られることとなった。

なぜ道真はそうした運命をたどらなければならなかったのだろうか。

当時は、藤原氏が摂政関白の地位を独占し、天皇の外戚として権力を揮っていた。ところが、清和《せいわ》天皇から宇多《うだ》天皇まで四代の天皇に仕えて実権をふるった藤原基経《ふじわらのもとつね》が亡くなると、宇多天皇は関白をおかず、道真を登用した。道真の出身である菅原家は学問の家として代々文章博士《もんじょうはかせ》を出してきたものの、それまで権力を握るほど公家として出世することはなかった。道真は、宇多天皇から重用されることによって異例の出世を遂げたのである。

しかし、それは依怙贔屓であるとして、道真の評判を悪くすることに結びついた。道真自身、自分に対する妬み、嫉みがあることを自覚していた。そのことは、右大臣に任じられた際に、三度も辞表を提出したところに示されている。当時は、任じられても、すぐには応じず、辞表を出すのが慣例になってはいたものの、そのなかで道真は、自分の家の家柄が低いことと、中傷を受けていることをあげていた。道真を妬む人間が実際にいて、それを本人も承知していたのだ。

歌舞伎の世界では、当時、右大臣よりも上の左大臣で、基経の子どもであった藤原時平《ふじわらのときひら》が、道真を陥れたという話になっていて、時平は徹底して悪人として描かれている。けれども、現実の道真は時平とは漢詩のやり取りもしており、協力して政治に携わっていた。むしろ道真の方が陰謀に加担し、自らの血を受け継いだ親王を帝位につけようと画策した、あるいは画策に関与したことが左遷に結びついた可能性がある。

そうした状況のなかで、道真に対して引退するよう忠告する人物もいた。しかし、道真のなかに出世欲、あるいは有能な官吏《かんり》として権力を揮うことへの欲望があったのだろう。結局、その地位にしがみついたことが悲劇を生んだのである（滝川幸司『菅原道真―学者政治家の栄光と没落』中公新書）。

江戸時代の役者や相撲取り、遊女などであれば、贔屓されることは当人たちにとって大きな利益になった。逆に贔屓がいなければ、人気は高まらないし、経済的にも潤わない。それぞれの世界で活躍する上で、贔屓を増やしていくことがもっとも重要であった。

その場合の贔屓という行為は、基本的に依怙贔屓である。同じ芸能人や相撲取り、遊女のなかから、特定の人物を贔屓にするわけで、贔屓の対象はそれ以外の人物とは区別される。それは現代の推しの場合にも共通する。グループのなかで、一人のメンバーだけをもっぱら推すことになる。

ところがこれが、そうした特殊な世界ではない一般の社会でのこととなると、贔屓されることが、その対象となった人間の得にならないことも多い。むしろ、依怙贔屓として、妬み、嫉みを生み、いじめまで誘う。道真のように、それまでのキャリアをすべて失う目にあうことだってある。

そして、依怙贔屓をした側も、それによって批判され、地位を追われるようなことがあり得る。あるいは、依怙贔屓されなかった部下が反抗することもある。実際、道真の失脚は、宇多天皇の後を継いだ醍醐《だいご》天皇が、上皇となった宇多の力を削ぐために時平と謀ったことだという説もある（河内祥輔《こうちしょうすけ》『古代政治史における天皇制の論理』吉川弘文館）。

上下の序列に厳しい日本社会

依怙贔屓という行為が、必ずしも、それをする側にも、対象となる側にも利益をもたらさない。にもかかわらず、絶えず依怙贔屓が起こるのは、なぜなのだろうか。

もちろん、依怙贔屓は、日本社会特有のものではない。世界の歴史を振り返ってみれば、依怙贔屓が政治的な混乱を生んだり、対立へと発展したりした事例をいくらでも見出すことができる。

しかし、日本には贔屓の文化があり、贔屓するという行為がさまざまな形で重要性を持っているため、依怙贔屓の影響は、日本でこそ、かなり大きなものになっているように思われる。

日本において贔屓するという行為が重要性を帯びるのは、日本特有の社会のあり方がかかわっている。日本が上と下の区別をやかましく言う社会であるからこそ、依怙贔屓という現象が生まれ、それが問題を生んでいると考えることができるのだ。

上下の区別がやかましいのが、第5章で取り上げた宝塚である。その実態が明らかになるような出来事が最近あった。2020年9月、宝塚音楽学校で、従来あった上下関係にまつわる不文律が見直されたということがNHKのニュースで報道された。

そのニュースによれば、宝塚音楽学校は2年制で各学年に40人が在籍するが、今回、次のようなことが見直され、廃止されたというのである。

・本科生（上級生）が予科生（下級生）を選び、1年間、1対1で指導する仕組み
・生活記録や掃除の状況などを、予科生がノートに書き、本科生に提出させることが過度になっていたこと
・上級生が乗っているかもしれない阪急電車へのあいさつ
・上級生の前では眉間にしわを寄せて口角を下げる「予科顔」という表情をすること

このなかには含まれていないが、上級生への下級生の返事は「はい」か「いいえ」に限定されるといった不文律もあった。

こうした見直しは急に行われたものではなく、数年かけて徐々に行われてきたもので、新しく入ってくる下級生への指導の方法は、上級生全体が学校と協議して決めるようになったという。

学校側によれば、阪急電車へのあいさつがはじまったのは、「通学する生徒は阪急電車

を使うことが多く、いつも見守ってくれている車掌さんたちへの感謝の意を示すためだったのではないか」とする。それが、「先輩が乗っているかもしれないから」と認識されるように変化したのではないかというのである。

すでに見たように、宝塚ではさまざまな場面で序列が重要な意味を持つ。トップスターを頂点とする序列もあるが、もう一つ重要なのが音楽学校に入った順番による序列である。それは、メンバーが宝塚に在籍している限りついてまわる。その序列は、こうした不文律を通して音楽学校時代に植えつけられるのである。

上座と下座、敬語の存在

ただ、こうした区別は、宝塚音楽学校だけのことではなく、日本に存在するあらゆる学校において見られることである。とくに部活動では、上級生と下級生との間には厳格な区別が設けられ、下級生は上級生に従わなければならないという意識は根強い。その分、上級生は下級生の面倒を見て、指導していかなければならないのだ。

これは、企業においても見られる。日本では新卒を採用するため、どの年に入社したかで先輩と後輩が区別される。同期は平等だが、一つでも期が異なれば、そこに上下関係が発生する。

企業には役職があり、それぞれの場面で上司と部下という関係が生まれる。頂点には社長が位置し、その上には会長がいたりする。社長の下には取締役がいて、さらに部長、課長、係長と続く。現在では、組織が複雑化し、これ以外にもさまざまな役職が設けられているが、どの役職に就くかは、年齢と能力、業績で決まる。

今ではそういうことはなくなっただろうが、昔は、乗る車や飲むウィスキーは、サラリーマンがどこまで出世したかで決まると言われていて、メーカーもそれを意識していた。

家庭においても、兄弟姉妹のあいだで必ず上下が区別される。兄と弟、姉と妹は違うとされ、家庭内での立場も異なった。先に生まれた兄や姉は、後から生まれてきた弟や妹を守ってやらなければならないとされ、「おにいちゃんだから、おねえちゃんだから」しっかりしなさいと親から叱られる。双子のあいだでさえ上と下が区別される。これは、英語圏において、兄弟姉妹がただbrotherやsisterと呼ばれ、上と下とが区別されないのとは対照的である。

こうした上と下を区別する文化を象徴するのが「上座」と「下座」の存在である。席に座る際に、上の者が上座に座を占め、下の者は下座に座る。リモート会議においてさえ、上座をどうするかが問題になったりする。これは、ボスをファースト・ネームで呼ぶ、アメリカの企業では考えられないことである。

人間は平等であるというのが、近代社会の基本的な思想である。しかし、日本においては、とくに組織においては必ず序列が作られ、内部の人間はその序列に従うことを求められる。

そうした慣行を象徴し、また支えているのが敬語の存在である。日本語の敬語では、尊敬語、謙譲語、丁寧語が区別される。中国や韓国などにも敬語はあるが、日本ほど発達していない。日本の敬語の体系は、海外の学習者を困らせるほど複雑で、精緻なものになっている。

昔は、そうした言い方はなかったのだが、最近では、取引先の会社を「御社」と呼ぶことが一般化している。そして、自分の会社のことを、謙《へりくだ》って「弊社」と言う。英語には、そんな表現はなく、ただ your company と our company である。御社という言い方が一般に使われるようになったのは1980年代になってからである。

形ばかりの公募はするが実際は事前に決まっていることが多い大学教員

教師による生徒の依怙贔屓については、すでにふれたが、それも両者のあいだに明確な上下関係が存在するからである。

教師は、生徒に試験などを課し、成績を決定する権限を与えられている。成績が、すべて試験の点数によって決まるのであれば、公平性は確保される。だが、そこには教室での生徒の態度といったことも平常点といった形で加味される。その点で、教師がどう判断するかが重要になってくる。教師は、そうした権限を背景に、生徒の行動をコントロールしようとする。

そのため、特定の生徒が教師によって依怙贔屓されるという事態が生まれる。教師や贔屓された生徒にその自覚はなくても、他の生徒が、教師は依怙贔屓をしていると判断するのだ。それは、保護者である親に伝えられたりもする。

会社での上司と部下との関係でも同様である。上司の査定は部下の賞与や昇進に影響を与えるので、依怙贔屓ということは大きな問題にもなってくる。上司に、こうした査定の権限があれば、部下は絶えず上司の顔色をうかがっていなければならない。

それは、かつての大学の世界でも同じだった。今は、大学の教員を決める際に公募ということが大きな比重を占めるようになっているので、事情は異なるかもしれない。だが、私が大学院生だった時代には、次のようなものだった。

当時、博士課程まで進学した大学院生は、博士論文を書くことを求められないため、ただ就職の機会を待っているしかなかった。博士論文を書こうにも、文科系では指導教官も博士号を持っておらず、むしろ書くものではないという、それこそ不文律があった。

ある大学が、新たに教員を採用しようとする場合、その話は大学院の指導教授のところへもたらされた。そうした話があれば、指導教授は、その職にふさわしいと考えられる大学院生を選び、それを候補として相手方に推薦する。もちろん、それだけで決まるわけではなく、就職先の大学の教授会で、推薦者は審査される。業績が足りないと判断されれば、採用には至らない。

「〇〇大学で教員を求めているのだが」という話が指導教授から来れば、大学院生は、その大学がどういった場所にあろうと、また、どんなレベルの大学であろうと、話を拒否することは難しい。指導教授は複数の学生を抱えているわけで、断ってしまえば、その話は別の学生に回される。そして、一度断った学生には、次の機会はなく、話があっても、別の学生に回されてしまう。

同じ研究室に所属している別の学生に就職の話がいったとなれば、他の学生は、その学生は依怙贔屓されていると感じる。職は一つで、誰か一人を選ばなければならないわけだが、自分が選ばれなければ、不当な贔屓であるという思いが頭をもたげてくる。それは、その後の研究生活にも影響を与える。教員の側はさまざまな事情を勘案して候補を絞ったのだとしても、学生にはその辺りの事情は分からない。

公募で選考されるのであれば、依怙贔屓の余地はなくなるはずだ。ところが、公募は形ばかりのもので、すでに候補者は決まっているということもある。その大学の出身者が想定されていたりするのである。これは、大学による依怙贔屓ということにもなってくる。

上役が率先して事にあたるトヨタの経営哲学

以前、企業の経営哲学について調べていたとき、日本の自動車企業のトップに君臨するトヨタ自動車には、その創業以来、「上役率先」という考え方があることを知った。創業者の豊田喜一郎は、その点について次のように述べていた。

部長は其の部の全般を監督し、その部全般を手落ちなきよう尽力するものにて、したがって重要事項は部長直接これをこなし、また係主任、係長なきところは自らこれを直轄し、その部に定められたる業務全般にわたり手落ちなきように努力す。

部長の下には係主任がいて、さらにその下には係長がいる。そして、その下に一般の係員がいるわけだが、上の立場にある人間ほど率先してことにあたっていかなければならないというのだ。それは、部長のさらに上の役員、あるいは社長にも言えることで、上になればなるほど率先して重要事項の処理にあたらなければならないというのが喜一郎の考え方である。

上の立場の人間が、重要事項の処理にあたることができるためには、実際の業務について熟知していなければならない。そのためトヨタでは、「役員への勉強会」が開かれ、役員が実際の業務について情報を得るための機会が用意されている。

しかし、上役率先であるということは、あらゆることが上役の判断によって決定され、部下はそれにただ従うだけになってしまう危険性をはらんでいる。

上司の独裁を妨げているのが、トヨタにおける会議のあり方である。三井銀行の相談役でトヨタ自工の監査役となった田中久兵衛《たなかきゅうべえ》は、自らが体験したトヨタの取締役会について、それは活発で、真剣であり、その会議に出席している全員が、いかに原価を下げるか、資材の無駄を省くかについて徹底的に話し合っていると述べている。こうした会議のあり方が、上司にただ従うだけになってしまうことを防いでいるというのである（若山富士雄《わかやまふじお》・杉本忠明《すぎもとただあき》『トヨタの秘密――利益日本一はいかに達成されたか』こう書房）。

日本に贔屓の文化が存在する上で、上と下を区別し、序列を重んじる傾向が強いことが影響している。贔屓は上の立場にある人間が、下の立場にある者を引き立てることである。また、贔屓することで、上の立場になろうとすることもある。『坊っちゃん』の清も下女でありながら、坊っちゃんの母親代わりになろうとした。廓では、金で遊女を買うというあからさまな行為を隠蔽するために、逆に、遊女が客の上に立つ仕組みが作られていた。

近年問題になった「忖度」ということも、上下関係を重視する社会であるからこその現象である。下の立場にある人間が、上の意向を推し量り、上の人間が満足するような方向に勝手に動いていくのである。

こうした社会は、「タテ社会」としてとらえることができる。タテ社会ということばは、人類学者の中根千枝《なかねちえ》による『タテ社会の人間関係――単一社会の理論』（講談社現代新書）を通して広まった。

兄カインはなぜ弟アベルを殺したか

これが一神教の広まった世界においてなら、事情は異なってくる。一神教はユダヤ教からはじまり、その伝統はキリスト教、そしてイスラム教に受け継がれていった。現在では、世界でもっとも信者が多いのがキリスト教で、イスラム教がそれに次ぐ。この二つの宗教の信者の数は、人類全体の半数を超えると考えられる。

一神教における神は人格神で、父としてとらえられる。多神教の世界では、女性の持つ多産や豊穣を神格化した地母神の信仰があり、世界は母なるものから生み出されてきたとされることが多いのとは対照的である。ユダヤ教のトーラー、これはキリスト教の旧約聖書ということにもなるが、その冒頭にある「創世記」では、父なる神の命じるところに従って世界が創造されたとされている。神を創造主としてとらえる考え方はイスラム教にも受け継がれた。

神が唯一絶対の創造主である以上、それは、被造物としての人間とは隔絶した存在である。神は絶対的な上位を占めており、人間同士は、その神のもと平等であり、その間に上下の区別はない。

日本では、兄弟姉妹のあいだで、生まれた順に上と下とを区別する。だが、英語圏では、兄弟はbrotherで、姉妹はsisterであり、上下を区別しない。先輩と後輩を区別する感覚も薄く、ことさら同期ということが強調されることもない。

英語圏の企業ではボスの命令が絶対で、役職による地位の上下はあるが、日本のように、年功序列の考え方はなく、一つの企業に勤め続けることもない。少しでも条件がよいところがあれば転職していくわけで、新卒採用ということもないので、入社の時期が影響することはない。つまり、タテ社会ではないのである。

もちろん、ボスが特定の部下を依怙贔屓するといったことはあるだろう。けれども、それによって自分が不利益を被っていると考えれば別の企業に移っていけばいいわけで、そのことは、かえって転職の動機にはなるかもしれないが、それに苦しめられ続けるということはない。

一神教の世界で依怙贔屓が問題になるとすれば、それは、神によるものである。第2章で、「創世記」にあるカインとアベルの物語にふれたが、神は弟のアベルをもっぱら愛し、つまりは依怙贔屓し、それに嫉妬した兄のカインは弟を殺害するに至る。

新約聖書は、イエス・キリストの事績をつづったものであり、その点でキリスト教独自の聖典だが、そこにも兄弟間の嫉妬をテーマとした物語が出てくる。それが、「放蕩《ほうとう》息子のたとえ話」であり、これはルカによる福音書の15章に出てくる。イエス・キリストが徴税人や罪人たちにした説教の一つである。

ある父親には二人の息子がいた。弟の方は、父親に対して財産のうち自分の分を今くれと言い出した。父親がその通りにすると、弟は遠い国に旅立ち、そこで放埒な生活を送ることでそれをすべて使いきってしまった。

困り果てた弟は、父親のもとに戻ることにした。父親はその姿を見て、弟のところへ走りよってきて接吻する。弟は、自分が間違った生活をしてきたことを自覚している。父親に対しても、神に対しても罪を犯したので、父親の息子と呼ばれるのにはふさわしくないと申し出たが、父親は喜びのあまり、盛大な祝宴を開く。

面白くないのは、父親にずっと仕え、奴隷のように働いて尽くしてきた兄の方である。父親に向かって、自分のために一度たりとも祝宴など開いてくれたことはないと訴える。その訴えに対して、父親は、「子よ、お前はいつもわたしと一緒にいる。わたしのものは全部お前のものだ。だが、お前のあの弟は死んでいたのに生き返った。いなくなっていたのに見つかったのだ。祝宴を開いて楽しみ喜ぶのは当たり前ではないか」と言うのだった。

聖書のなかで神が依怙贔屓する意味

イエスは、この話をここまで語っただけで、それがいったい何を意味するのか、信仰とどう関係するかについては説明していない。

ただ、キリスト教の教会においては、これは、神が罪を犯した人間でも受け入れるあわれみ深い存在であることを強調したたとえ話であると解釈されている。兄が不満を持つのは当然のようにも思えるが、兄はひたすら律法に忠実なパリサイ人や律法学者のことをさすと言われてきた。嫉妬することは愚かなことだというわけである。

キリスト教の信仰を持たない者からすれば、こうした解釈はあまりに強引であるようにも思えるが、カインとアベルの物語を念頭におくならば、神による依怙贔屓に嫉妬する人間のこころの弱さを批判的にとらえたものと見ることもできる。

これに似たたとえ話が、大乗仏教の代表的な経典で、日本人の仏教信仰にも多大な影響を与えてきた法華経にあることはよく知られている。法華経には「法華七喩《ほっけしちゆ》」と呼ばれる7つのたとえ話が出てくるが、そのうちの一つに「長者窮子《ちょうじゃぐうじ》」がある。

これは、幼い頃に家出した子どもが、50年後、長者の家に偶然戻ってくるという話である。その間、子どもは各地を放浪していた。子どもは、その家が自分の生家だとは分かっていないのだが、父親はすぐに息子だと認める。

父親は召使に息子を連れてくるように命じるが、息子の方は捕まえられるのが嫌で逃げてしまう。そこで父親は一計を案じ、息子を掃除夫として雇うことに成功する。それから息子は20年間父親の家で働き、父親が臨終のときに、はじめて実の子どもであることを明かされ、財産の管理をすべて任される。

たしかに、長年放浪していた息子の帰還が、父親に歓迎されるという点では、「放蕩息子のたとえ話」と似ている。だが、子どもは一人なので、嫉妬の問題はからんでこない。したがって、依怙贔屓のことには結びついていかないのである。

神がなぜ弟を依怙贔屓するのか。「放蕩息子のたとえ話」では、一応理由は説明されているものの、カインとアベルの物語では、理由はまったく説明されていない。

旧約聖書の神は、ときに人間に対して過酷な姿勢をとるが、常に恣意的である。それは、神がいかに絶大な力を持っているかを示したものとして解釈するしかないが、人間の側は、神による依怙贔屓の意味を無理やりにでも考えていかなければならない。こうした依怙贔屓は、一神教の世界を背景にしており、それがなければ起こり得ない事柄である。

その意味でも、依怙贔屓の正体を探っていけば、その文化的な背景にまでたどり着くことになる。依怙贔屓という現象の奥は深い。

私たち日本人は、上下の区別を重んじる序列の文化のなかに生きているがゆえに、贔屓の文化を築き上げ、そのなかで依怙贔屓が生み出されてくることを目の当たりにしてきたのである。

日本の伝統芸能における襲名披露の口上

歌舞伎の「口上」については第1章でふれた。襲名披露興行では必ず口上が用意されていて、それに対する注目度も高い。重要な役名を継ぐことは、歌舞伎界における重大な出来事になる。初日の口上ともなれば、当人も緊張するし、観客も固唾《かたず》を呑んで見守る。

地方巡業でも口上が述べられることがあるが、こちらははじめて当地を訪れることができたことに感謝する挨拶としての意味合いが大きい。口上の席に列座する人数も少なく、くつろいだ雰囲気のなかで行われる。

口上の最後は、襲名披露興行でも、地方巡業でも、「何とぞ末永くご贔屓ご後援を賜りますよう、お願い申し上げます」と締めくくられる。観客に対して、自分を贔屓にしてくれるように頼み込むわけである。

文楽でも襲名披露の際に口上が述べられるが、歌舞伎との違いは、襲名する本人は口を開かないことにある。落語になると、真打昇進の際に口上が行われる。

こうした口上は、日本の伝統芸能に特有のことで、一般の演劇にはその伝統はないし、オペラなどにもない。代わりにカーテンコールがあるが、逆にこちらは歌舞伎にはない慣習である。

ただ歌舞伎でも、特別な舞台になるとカーテンコールが行われる。とくに現代の劇作家が脚本を書いた新作の歌舞伎だと、客層に違いがあるということだろうか、カーテンコールがあったりする。私が体験したものとしては、野田秀樹《のだひでき》脚本・演出の「野田版　研辰《とぎたつ》の討《う》たれ」の初日にはカーテンコールがあり、野田も舞台に呼び出され、観客から拍手喝采された。

カーテンコールでは、役者が一人代表になって観劇の礼を述べることはあるし、その日以降の予約状況、今後の予定などについて述べることもないわけではない。だが、歌舞伎の口上とは異なり、贔屓してくれるよう求めることはない。「何とぞ末永くご贔屓ご後援を」といった決まり文句も用意されていない。口上は、江戸時代に庶民のための芸能として発展した歌舞伎ならではのことである。

歌舞伎の役者にとっては、多くの贔屓を作ることが重要である。それは、他の芸能や芸術でも言えることだが、なにしろ歌舞伎の興行は1カ月近くに及び、しかも毎月行われる。同じ月に、いくつもの劇場で歌舞伎が上演されていることも珍しくない。

そのなかには、はじめて歌舞伎を見たという初心者もいるわけだし、ごくたまに訪れる観客もいる。しかし、それだけ多くの興行に観客を集めるには、毎月のように足を運んでくれる熱心な贔屓を数多く必要とする。歌舞伎座の定員は1964人で、通常は昼の部と夜の部の二部制である。毎日4000人近い観客がやってくる。興行が25日間あれば、1カ月で10万人にもなる。1年なら120万人である。

もちろん良い舞台を見せることが、根本的には贔屓を生むことにつながるわけだが、それ以外のサービスも必要である。襲名披露興行の口上は、その絶好の機会である。

最近の口上では、襲名する役者と、それを披露する役割を負った年配の役者のほかに、関係する役者たちが列座し、次々に挨拶をする。その際には、襲名した役者を贔屓してくれるように呼びかけるわけだが、挨拶する役者自身にとっても、それは自分の存在をアピールする機会にもなる。贔屓を一人でも増やしたい。それは、役者がもっとも望んでいることである。

月に10万人を集客する歌舞伎

歌舞伎の世界では、口上のほかにも、役者が贔屓を作るための場が用意されている。これも、襲名披露興行のときに行われることが多いのだが、「お練《ね》り」というものがある。役者が、どこかの場所に出向き、そこにつめかけた贔屓の前を、行列を作ってゆっくりと歩くのだ。

四国には、旧金毘羅大芝居《きゅうこんぴらおおしばい》（金丸座《かなまるざ》）があり、そこでは毎年4月に歌舞伎興行が行われる。この劇場は、江戸時代に建てられたもので、国の重要文化財にも指定されている。その興行が行われる前、金刀比羅宮で興行の成功を祈願するため、役者が人力車に乗ってお練りをすることが恒例になっている。

一般の襲名披露興行でのお練りは、浅草浅草寺で行われ、役者は歩いて仲見世《なかみせ》商店街を通り、本堂へと向かう。市川團十郎家の場合には、縁のある成田山新勝寺《なりたさんしんしょうじ》でお練りを行う。その際には、記念の列車が運行されたりもする。

お練りと趣旨が共通するのが、「船乗り込み」である。これは、現在、大阪と博多で行われるが、船を何艘も仕立てて、そこに幟や提灯を立て、役者は囃子方とともに、その船に乗り込む。そして、鳴り物入りで賑やかに道頓堀や博多川をのぼっていく。川端には、多くの贔屓が駆け着け、役者に声援を送る。

舞台の上の役者は、相当に重い衣装を身につけ、厚く化粧をしている。それに対して、お練りや船乗り込みの際には、紋付き袴姿で、素顔で登場する。夏に行われる船乗り込みだと、浴衣《ゆかた》を着ており、親近感はさらに増す。

贔屓を獲得するための現代的な試みとしてはトークショーなどもある。あるいは、歌舞伎以外の舞台に出演したり、映画やテレビ・ドラマ、あるいはテレビのバラエティ番組に出演したりすることも贔屓を増やすことに貢献している。最近では、ネット上で役者自身が情報や近況を発信することが多くなり、それが注目されるようになってきた。

歌舞伎の伝統が絶えないのは、役者が幼い頃から稽古に励み、芸を鍛えているからであるが、一方で、このように贔屓を引きつけるさまざまな仕組みや仕掛けが用意されていることも大きい。贔屓は舞台を楽しみにしているだけではなく、こうした機会に参加し、素顔の役者に接することも楽しみにしている。

他の伝統芸能だと、その性格が歌舞伎とは異なり、贔屓を引きつけるための試みはさほど行われていない。その点で、歌舞伎の世界は特殊だが、1カ月に10万人もの観客を集めるには、それだけの工夫が欠かせないのである。

田中角栄と池田大作の共通点

飲食の店舗となれば、同様に、常連という贔屓をいかに多く確保できるかが死活問題になる。

もちろん、「ミシュランガイド」で星を獲得するような有名店になれば、新規の客が次々と押し寄せ、かなり先まで予約で埋まっていたりする。有名なラーメン店でも、多くの客が列を作り、何時間も待っている。

しかし、そうしたことは一部の店舗にだけあることで、大半の店は、常連を確保できなければ長く営業を続けられない。そこにはさまざまな工夫が必要であり、努力を怠らない店だけが繁昌する。

もちろん、そこで提供される飲食が客を満足させるものでなければならないが、贔屓を獲得する上では、店主の人柄や応対の仕方が決定的に重要になる。

店主が料理を作っていて、その配偶者や、アルバイト一人が客の応対にあたっているような小さな店だと、店主や店員と客とのあいだにコミュニケーションがとれていて、それが常連を生むことにつながる。

ところが、少し繁昌するようになり、より大きな利益を得ようと店を広げると、そこに変化が起こる。

店主一人では調理できなくなり、他の人間に任せると、質の確保が難しい。それに、店主が、一人一人の客と個別に接することも難しくなっていく。そうなると常連は満足しなくなる。それでも、一見客を多く見込めるなら、店の経営は成り立つ。しかし、店のあり方や質が変わってしまうことも否定できない。飲食の場合には、そこに経営上の難しさがある。

第7章で、「一見さんお断り」の店についてふれた際、その理由の一つとして、一見の客が来ると常連に迷惑がかかるというものがあった。そうした店ではなくても、常連は、自分がよく来る店が、「いつものように」居心地が良いものであることを望んでいる。初めて来た客がその店の雰囲気を打ち壊してしまえば、常連にとっては居心地の良さが失われる。店の側としては直接客に注意するのも難しいところだが、常連が帰るときには、そうした客に成り代わって謝る。そんな店でないと、常連は居着かない。

常連を確保するためには、一度来た客のことを覚えていることもかなり重要である。

はじめは、そこの常連につれられて来店し、気に入ったので、今度は一人で訪れる。そのとき、店主が名前を覚えていれば、客は感激する。それが新しい常連を生むことにつながる。前に訪れたときにしていた話を、店主が覚えていれば、常連でも嬉しくなる。

かつて庶民宰相《しょみんさいしょう》として人気を集めた田中角栄は記憶力に優れ、選挙区の有権者の名前だけではなく、年齢や職業、家族構成まで覚えていたと言われる。気前よく金をばらまき、地元への利益誘導を行ったことも人気の背景にはあるが、一般の庶民からすれば、自分のことを首相にまでなった田中が覚えてくれているということで、熱烈な支持者になっていくのだ。

それは、創価学会を巨大教団に押し上げた池田大作三代会長についても言える。池田も、個々の会員たちのことを覚えていて、二度目に会ったときには、名前で呼びかけるという。会長が名前まで覚えてくれているということは、会員にしてみれば、自分のことが組織のトップに認識されているということであり、その体験を経て、会員としての活動により邁進するようになる。

有権者や会員も、政党や政治家、あるいは宗教団体の贔屓である。何を、誰を贔屓にするかは、贔屓する側に任されている。特定の政党を支持しない無党派や、特定の宗教を信仰しない無宗教という立場も可能であるだけに、こうした世界でも、強固な支持者、熱烈な会員をいかに確保するかが重要である。優れた政治家や宗教家には、特別な能力が必要であり、そのなかには、歌舞伎の役者や飲食店の店主に欠かせない贔屓を生む力が含まれる。

YouTuberとドラえもん

最近、贔屓の獲得に躍起になっているのが、ＹｏｕＴｕｂｅｒ（ユーチューバー）である。彼らは、再生回数やチャンネル登録者数の多さが収入に直結するため、それを増やすことに腐心している。しっかりと編集の手を入れ、字幕までつけなければ、見てもらえない。さらに、毎日のように更新しなければ、贔屓を得ることはできない。そもそも、どういった内容を用意するのか。それが毎日のこととなれば、絶えずどういった内容にするかを考えていなければならない。

ただ、ＹｏｕＴｕｂｅｒの場合、その贔屓になったからといって、贔屓にする側に何らかのメリットや特典があるわけではない。まして、序列など存在せず、贔屓になったことで自分を目立たせることはできない。

ＹｏｕＴｕｂｅを見ている人たちをどのように呼ぶかでは、ちょっとした議論がある。

「リスナー」と呼ばれることが多いのだが、リスナーは聴く人であり、見る人ではない。だから、リスナーではないというのだ。

しかし、リスナーということばが使われる背景には、ＹｏｕＴｕｂｅの手軽さが関係しているように思われる。リスナーは贔屓とは異なる。ＹｏｕＴｕｂｅｒが、リスナーと直接にかかわるようになれば、関係は変わってきて、贔屓も生まれるはずだ。そうしたＹｏｕＴｕｂｅｒも、実際にいる。だが、直接の接触をしなければ、熱烈な贔屓を生み出すことはないだろう。

贔屓ということばがかかわることのなかで、直接性を持たないのは判官贔屓である。九郎判官義経は歴史上の人物であり、今に生きているわけではない。義経を演じる役者が舞台の上やスクリーンに登場することはあるが、それは義経を演じる役者であり、義経本人ではない。

判官贔屓が、虐げられた弱者への共感という意味で用いられるときにも、それはあくまでこころのなかの傾向であり、贔屓する側が、その対象と直接的な関係を結ぶことは少ない。逆に、そうした関係があるときには、判官贔屓ということばは用いられない。

その点では、判官贔屓は、贔屓ということばが含まれるもののなかで特殊だと言えるかもしれない。ただ、そこには甘えの問題もかかわっており、虐げられた弱者に対する世間の共感を利用していることも考えられる。

漢文学の小野泰央《おのやすお》が、「『ドラえもん』と『義経記』」（ノートルダム清心女子大学、日文エッセイ）というエッセイを書いている。

小野は、「ドラえもん」に出てくるしずかちゃんの姓が「源」であることから、この漫画が「義経記」を踏まえていることに気づいたと述べている。となると、のび太＝義経、ドラえもん＝弁慶、ジャイアン＝頼朝という形で対応し、「ジャイアンにいじめられるのび太をドラえもんが道具で助けるという図式が、頼朝に迫害される義経を弁慶がその知力・体力・念力で助けていくという図式に合致する」というのだ。「ドラえもん」の物語は、日本人のなかにある判官贔屓を背景にしていることになる。

人生は依怙贔屓されてなんぼのものか？

自分たちは弱者であり、強者によって虐げられている。そうした印象を世間に与えることができたとしたら、多くの人の共感を呼び、それが自らを助けることにつながる。土居健郎は、『「甘え」の構造』が刊行された1970年代はじめ、政治運動に傾いていった学生たちにそうした傾向が見られたことを指摘したわけだが、それは、不利な立場にある政治勢力がしばしばとる戦略でもある。

ＹｏｕＴｕｂｅｒはリスナーのあいだに序列を生むことができないわけだが、宝塚の事例に見られるように、ファンが序列化されることは、贔屓を増やすことに結びつく。序列を上げるためには、多くのチケットを買い、私設のファンクラブで熱心に活動する必要がある。それを通して、ファンは宝塚の世界にはまっていき、自分の序列が上がることに喜びを見出す。

歌舞伎でも、江戸時代の桟敷席は、歌舞伎を観る場であるとともに、他の観客によって観られる場だった。そうした側面は、現在の歌舞伎座の桟敷席にも残っている。そもそも桟敷席は一等席より席料が高い。

舞台を楽しむということでは、「とちり席」がもっとも好ましいと言われてきた。最前列を1とすると、とちりは7、8、9列目にあたる。これに対して、桟敷席は横から舞台を観ることになる。

しかし、桟敷席に座っていれば、他の観客からもその姿がよく見える。テレビ中継などが行われれば、役者が花道を通るとき、桟敷席の観客の姿も同時に映し出される。また、桟敷席にはお茶のセットとおしぼりが用意され、桟敷席に限定される桟敷弁当を注文し、席で食べることができる。江戸時代の伝統が、ここには生きていて、桟敷席の観客は優越感を持つことができるのだ。

飲食店でも、常連だけが得られるサービスが用意されていたりする。「裏メニュー」などがその代表で、通常のメニュー表には載っていないものが常連にだけは知らされていて、それを頼むことができたりする。ただ、これがあからさまになると、常連でない客から顰《ひん》蹙《しゅく》を買う。

むしろ、店主の側が、さりげなく気を遣い、ころあいを見て、「今日はこれが入っているのでいかがでしょうか」と、特別なものを薦めてきたりする。それは、常連に優越感を与えることにつながる。

私たちのなかには、依怙贔屓を嫌う気持ちがある。誰かが依怙贔屓されている場面に接すれば、それは公正なことではないと憤ったりもする。

だが一方で、自分が誰かに依怙贔屓されたいという願望を抱いている。いかなる場面においても特別待遇されることに喜びを見出すのだ。

伝説の編集者と言われる島地《しまじ》勝彦《かつひこ》は、『えこひいきされる技術』（講談社＋α新書）という本を出しており、その冒頭で、「人生は〝えこひいき〟されてなんぼのものである」と言い切っている。

民主主義の世の中では、表向き平等が美徳とされるが、実際の人生では、依怙贔屓されないと出世もおぼつかない。恋愛も、最大の依怙贔屓のゲームである。島地は、「安っぽい〝えこひいき〟は国や会社を滅ぼすが、上質な脳みそに裏打ちされた〝えこひいき〟は必ず見事な文化を生み出す」と述べている。

自分は何を贔屓し、何から贔屓されているか

編集者の場合には、著者に本や雑誌の原稿を書いてもらわなければならない。人気の著者であれば、多くの依頼を抱えていて、すぐに応じてくれるとは限らない。それでも書いてもらうためには、依怙贔屓されるための「技術」が必要だというのが、島地の本において主張されていることである。

島地の言う「上質な脳みそに裏打ちされた〝えこひいき〟」というのは、九鬼周造流に言えば、「いきな依怙贔屓」ということになろう。九鬼の分析では、いきは、媚態、意気地、諦めの三つの要素からなっている。

それはまさに、廓で花魁が客に対して示す態度である。媚びて甘えつつ、意地は通し、客との関係が廓という特殊な世界のなかでのみ成立するものと諦める。この三つの要素が揃っていなければ、いきにはならない。一つでも欠ければ、途端に野暮に陥ってしまうのである。

贔屓をする上でも、贔屓される上でも、いきであることは重要で、不可欠である。そこでは、遊びの精神が存在するとともに、贔屓の主体、対象との緊張感あふれる関係が成立している。

私たちは、いったい何を贔屓としているのだろうか。

あるいは、自分は誰に贔屓にされているのだろうか。

そこに、贔屓目や依怙贔屓はあるのだろうか。

今一度、そのことを考えてみる必要があるのかもしれない。

著者略歴

島田裕巳
しまだひろみ

一九五三年東京都生まれ。作家、宗教学者。
東京大学大学院人文科学研究科博士課程修了。
放送教育開発センター助教授、日本女子大学教授、
東京大学先端科学技術研究センター特任研究員を歴任。
現在、東京女子大学、東京通信大学非常勤講師。
主な著作に『日本の10大新宗教』『平成宗教20年史』『葬式は、要らない』
『戒名は、自分で決める』『浄土真宗はなぜ日本でいちばん多いのか』
『なぜ八幡神社が日本でいちばん多いのか』『靖国神社』『八紘一宇』
『もう親を捨てるしかない』『葬式格差』『二十二社』(すべて幻冬舎新書)、
『世界はこのままイスラーム化するのか』(中田考氏との共著、幻冬舎新書)
等がある。

幻冬舎新書 627

「ひいき」の構造

二〇二一年七月三十日 第一刷発行

著者 島田裕巳
発行人・編集者 志儀保博
編集人 小木田順子
発行所 株式会社 幻冬舎
〒一五一-〇〇五一 東京都渋谷区千駄ヶ谷四-九-七
電話 〇三-五四一一-六二一一(編集)
〇三-五四一一-六二二二(営業)
振替 〇〇一二〇-八-七六七六四三
ブックデザイン 鈴木成一デザイン室
印刷・製本所 株式会社 光邦

GENTOSHA

Printed in Japan ISBN978-4-344-98629-9 C0295
し-5-13
幻冬舎ホームページアドレス https://www.gentosha.co.jp/
*この本に関するご意見・ご感想をメールでお寄せいただく場合は、comment@gentosha.co.jp まで。

幻冬舎新書

日本の10大新宗教

島田裕巳

創価学会だけではない日本の新宗教。が、そもそもいつどう成立したか。代表的教団の教祖誕生から社会問題化した事件までを繙きながら、日本人の精神と宗教観を浮かび上がらせた画期的な書。

平成宗教20年史

島田裕巳

平成はオウム騒動ではじまる。そして平成7年の地下鉄サリン。一方5年、公明党(＝創価学会)が連立政権参加、11年以後、長期与党に。新宗教やスピリチュアルに沸く平成の宗教観をあぶり出す。

葬式は、要らない

島田裕巳

日本の葬儀費用はダントツ世界一の231万円。巨大な祭壇、生花、高額の戒名は本当に必要か。古代から最新事情までをたどり、葬式とは何か、どうあるべきかまでを考察した画期的な1冊。

戒名は、自分で決める

島田裕巳

戒名料の相場は約40万円――たった10文字程度の死後の名前が高額なのはなぜか？　戒名という制度を解説し、俗名で葬られること、いっそ自分でつけることまで提唱した新時代の死の迎え方。